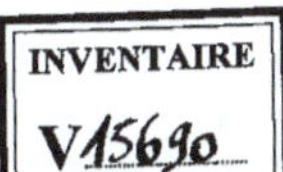
INVENTAIRE
V15690

I0832922

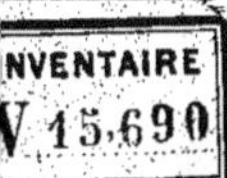

COURS
THÉORIQUE ET PRATIQUE
DE DESSIN LINÉAIRE
LAVIS ET ORNEMENT

À L'USAGE DES ÉTABLISSEMENTS D'INSTRUCTION PRIMAIRE ET SECONDAIRE,

Par A. Le Béalle,

ANCIEN ÉLÈVE-MAITRE A L'ÉCOLE NORMALE DE VERSAILLES, PRÉPARATEUR A L'ÉCOLE CENTRALE DES ARTS ET MANUFACTURES.

TROISIÈME ÉDITION.

Ouvrage autorisé par l'Université.

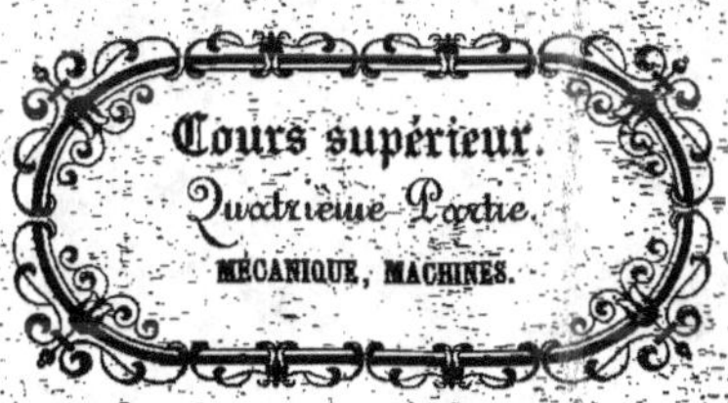

PARIS.

IMPRIMERIE ET LIBRAIRIE CLASSIQUES DE JULES DELALAIN,

IMPRIMEUR DE L'UNIVERSITÉ, RUES DE SORBONNE ET DES MATHURINS.

THÉORIQUE ET PRATIQUE

DE DESSIN LINÉAIRE

LAVIS ET ORNEMENT

Par A. Le Béalle,

ANCIEN ÉLÈVE-MAITRE A L'ÉCOLE NORMALE DE VERSAILLES, PRÉPARATEUR A L'ÉCOLE CENTRALE DES ARTS ET MANUFACTURES.

Ouvrage autorisé par le Conseil de l'Instruction publique pour les écoles primaires, les classes d'adultes et les écoles normales.

TROISIÈME ÉDITION

REVUE ET AUGMENTÉE.

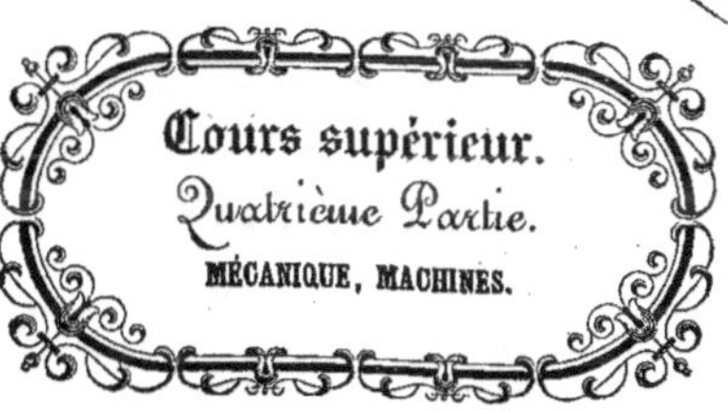

PARIS.

IMPRIMERIE ET LIBRAIRIE CLASSIQUES DE JULES DELALAIN,

IMPRIMEUR DE L'UNIVERSITÉ, RUES DE SORBONNE ET DES MATHURINS.

1851

TABLE DES MATIÈRES.

TEXTE (AVEC FIGURES).

PLANCHES.

OBSERVATIONS.

1° Toutes les planches de cette livraison doivent être reproduites au double; il faut toujours commencer par la construction du cadre, qui doit avoir $0^m,40$ sur $0,52$; — pour sa construction, voir 1re partie du *Cours élémentaire*.

2° Les mesures cotées en millimètres doivent être pointées sur le dessin au moyen du triple décimètre; — elles sont données soit d'après celles du modèle, soit d'après celles que doit avoir sa reproduction.

NOTA. Le double décimètre est trop petit pour que toutes les mesures d'un même côté soient prises sans le déplacer; de plus, sa numération n'est ordinairement cotée que dans un sens, ce qui embarrasse souvent l'élève, surtout dans la construction des figures symétriques. Pour remédier à ces inconvénients, nous avons fait fabriquer des TRIPLES DÉCIMÈTRES à trois numérations :

L'un des biseaux porte une numération symétrique, colorée en rouge; le 0, point de départ, est au milieu; les cotes sont disposées ainsi :

15...14..........3...2...1...0...1...2...3..........14...15.

L'autre biseau porte deux numérations continues, colorées en noir : la première va de gauche à droite :

0....1....2....3..........28...29...30;

la seconde va de droite à gauche :

30....29....28..........3....2....1...0.

Nous nous chargeons de fournir ces TRIPLES DÉCIMÈTRES, les INSTRUMENTS DE MATHÉMATIQUES et les COULEURS nécessaires au dessin linéaire, et dont le choix est souvent une difficulté pour les professeurs ou les élèves.

A. LE BÉALLE, rue des Saints-Pères, 59.

MÉCANIQUE PHYSIQUE.

1. — La MÉCANIQUE est une science qui traite de la nature, des causes et des modifications du mouvement; elle a pour résultats : la conception, l'exécution et l'application des machines.

2. — Le *mouvement* provient de l'action réciproque des corps, de leur nature et de leurs propriétés; il est donc indispensable de connaître les notions de physique relatives à la nature et aux propriétés générales des corps.

NATURE DES CORPS.

3. — Les CORPS sont formés par l'agglomération de petites particules de matière nommées *molécules*, qui laissent entre elles des espaces plus ou moins grands nommés *pores*.

4. — On désigne par *masse* la somme des molécules d'un corps, et par *volume* l'espace occupé par l'ensemble de ses molécules et de ses pores.

5. — La masse d'un corps augmente ou diminue en raison des molécules qu'on lui ajoute ou qu'on lui retranche.

6. — Le volume d'un corps augmente ou diminue en raison de la pression et de la température auxquelles il est soumis.

7. — Un corps est de sa nature *simple* ou *composé* :

8. — *Simple* ou *élémentaire* lorsque ses molécules sont *homogènes* (de même nature);

9. — *Composé*, lorsque ses molécules sont *hétérogènes* (de diverses natures).

10. — Un corps est à l'état *solide*, *liquide* ou *aériforme* :

11. — *Solide*, quand il est susceptible de recevoir et conserver diverses formes, et que ses molécules *adhérentes* entre elles ne peuvent être séparées sans un certain effort; Ex. : la pierre, le bois, les métaux;

12. — *Liquide* ou *fluide incompressible*, lorsque ses molécules, n'étant pas adhérentes entre elles, tendent toujours à se mettre de niveau (voir no 29) et que la pression ne change pas son volume; Ex. : l'eau, l'huile, le mercure;

13. — *Aériforme* ou *fluide compressible et élastique*, quand ses molécules sont insaisissables, et que son volume, qui diminue considérablement par la pression, reprend son état primitif dès que la pression cesse; Ex. : l'air, le gaz.

14. — La chaleur influe sur l'état et sur le volume des corps :

15. — La chaleur influe sur l'état des corps en ce qu'elle liquéfie les solides et volatilise les liquides. Ainsi la glace (*solide*) devient eau (*liquide*) puis vapeur (*aériforme*) suivant le degré de chaleur auquel elle est soumise. — *Condenser* un corps, c'est le faire passer de l'état aériforme à l'état liquide, ou de l'état liquide à l'état solide; ainsi la vapeur condensée donne l'eau; l'eau condensée donne la glace.

16. — La chaleur influe sur le volume des corps, en ce qu'une même masse a d'autant plus de volume que la température à laquelle elle est soumise est plus élevée; c'est ce que l'on exprime en disant que la chaleur dilate les corps. — La glace présente la seule exception reconnue à cette règle, en ce que son volume est plus considérable que celui de l'eau qui la produit; telle est la cause de la rupture des vases ou bassins dans lesquels l'eau se congèle.

PROPRIÉTÉS GÉNÉRALES DES CORPS.

17. — On entend par *propriétés des corps*, les causes de leur formation et des effets qu'ils produisent soit sur nos sens, soit dans leurs rapports entre eux. — Les propriétés des corps sont *générales* lorsqu'elles appartiennent à tous, et *particulières* lorsqu'elles varient suivant l'espèce de chacun. — Tout corps ayant ses propriétés particulières, nous ne parlerons que des propriétés générales.

18. — La Physique reconnaît aux corps sept propriétés générales, savoir : l'*étendue*, la *porosité*, la *divisibilité*, l'*impénétrabilité*, l'*inertie*, l'*attraction*, la *pesanteur*.

19. — L'ÉTENDUE d'un corps consiste dans la portion de l'espace universel qu'il occupe sous trois dimensions : *longueur*, *largeur*, *épaisseur*, c'est ce qui constitue son volume.

20. — La POROSITÉ consiste dans les espaces qui existent entre les molécules. — Les pores d'un corps sont presque toujours remplis de quelque fluide. — La *densité* d'un corps consiste dans son plus ou moins de porosité.

21. — La DIVISIBILITÉ est la propriété qu'ont les molécules de pouvoir être séparées entre elles et divisées elles-mêmes en particules impalpables ou *atomes*. — Les exemples de la plus grande divisibilité sont donnés par les couleurs, dont une parcelle suffit pour nuancer une grande quantité d'eau, et par les essences, qui, en se volatilisant, imprègnent de leur odeur une masse considérable d'air.

22. — L'IMPÉNÉTRABILITÉ consiste en ce que les molécules de chaque corps occupent, à l'exclusion de toute autre, une portion de l'espace. — Les molécules d'un corps peuvent se rapprocher ou s'introduire les unes entre les autres, mais non les unes dans les autres. — L'alliage d'un lingot d'argent avec un lingot de cuivre produit une masse dont le volume est moindre que la somme des volumes primitifs; il en est de même d'un mélange d'eau et d'alcool; mais ces pénétrations apparentes ne sont que le résultat de l'introduction des molécules d'un des composants dans les pores de l'autre. — Un clou enfoncé dans du bois ne pénètre pas dans ses molécules, mais il les écarte.

23. — L'INERTIE d'un corps consiste dans son impuissance à se mettre de lui-même en mouvement s'il est en repos, et à s'arrêter de lui-même s'il est en mouvement. — Le cours des astres présente un exemple frappant de l'inertie des corps à l'état de mouvement. — La dénomination d'*inerte* s'applique cependant plus particulièrement aux corps en repos, et celle de *mobile* aux corps en mouvement.

24. — L'ATTRACTION est la propriété qu'ont les corps de s'attirer mutuellement en raison directe des masses et en raison inverse du carré des distances; c'est-à-dire que si nous représentons par 1 la force d'attraction qu'exerceront l'un sur l'autre deux corps placés à une certaine distance l'un de l'autre, la force d'attraction sera 2 si l'on double la somme des masses, sans changer la distance; tandis que si l'on double la distance sans changer les masses, la force d'attraction ne sera plus que d'un quart. — L'*électricité* et l'*aimantation* augmentent considérablement la force d'attraction primitive des corps.

25. — L'attraction a lieu comme si toutes les molécules étaient réunies au centre du corps qu'elles composent; c'est cette attraction, exercée par le centre, qui constitue la force de *cohésion* ou d'*adhérence* des molécules des solides. — Tout centre d'attraction prend le nom de *centre de gravité*; on peut donc définir l'attraction : force qui tend à rapprocher les centres de gravité.

26. — L'attraction s'exerce en ligne droite, et par conséquent, le rapprochement des centres de gravité s'opère également en ligne droite s'il ne se présente aucun obstacle. Cette droite prend le nom de *ligne de gravité*.

27. — Exercée à de grandes distances, l'attraction prend le nom de *gravitation*. — C'est par la gravitation que les corps célestes sont maintenus dans leurs positions respectives. — La gravitation de la lune autour de la terre (résultat de l'attraction mutuelle de ces deux astres et de celle du soleil sur chacun d'eux), donne lieu aux marées qui sont d'autant plus fortes que la lune est plus près de la terre.

28. — ATTRACTION DE LA TERRE. — La ligne de gravité d'un corps, eu égard à l'attraction exercée sur lui par la terre, prend en géométrie le nom de *verticale*, et c'est dans cette acception que l'on emploie le terme de ligne de gravité. — Un corps suspendu à l'extrémité d'un fil (le fil à plomb) fait toujours prendre à ce fil la direction verticale. C'est donc par hypothèse que la géométrie considère toutes les verticales comme parallèles entre elles; car, d'après la définition des parallèles, ces lignes ne doivent jamais se rencontrer, et cependant toutes les verticales tendent à se réunir au centre de la terre.

29. — L'attraction que la terre exerce sur les liquides occasionne leur nivellement, c'est-à-dire l'uniformité de distance entre le centre de la terre et chacune des molécules de leur

surface. Il en résulte que, même en admettant que les horizontales soient des droites (ce qui d'après leur définition n'est pas, puisqu'elles sont dites parallèles à la surface de l'eau dormante qui, si elle entourait la terre, décrirait une circonférence), ces lignes ne sont parallèles entre elles que lorsqu'elles sont en même temps perpendiculaires à un même grand cercle passant par le centre de la terre. — Les définitions relatives au parallélisme des verticales entre elles et des horizontales entre elles ne sont donc réellement justes que sur le papier; mais cependant l'inexactitude est tellement minime dans la pratique, eu égard à la petitesse comparative des distances, qu'aucun moyen ne pourrait donner des résultats plus approximatifs, et c'est pour cette même cause que l'on considère comme *droite* une ligne qui parcourt une partie ou arc d'une circonférence faisant le tour de la terre.

30. — L'attraction que la terre exerce sur les solides qui l'avoisinent occasionne 3 résultats : la *stabilité*, le *déplacement* ou la *chute* de ces corps.

Fig. 1.

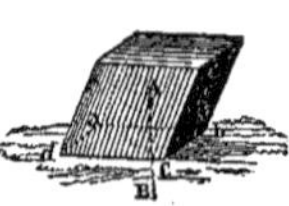

31. — La *stabilité* a lieu lorsque la ligne de gravité AB (Fig. 1), passe par abcd, base de repos sur le sol; — il en est de même pour un corps CD (Fig. 2) placé sur un autre, si sa ligne de gravité passe par le point de repos I. C'est à toute stabilité analogue à cette dernière que l'on donne le nom d'*équilibre*.

Fig. 2.

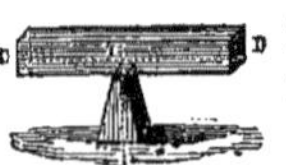

32. — Le *déplacement*, ou changement de base de repos, a lieu si la ligne de gravité ne passe pas par la base de repos; la ligne de gravité EF (Fig. 3) ne passant pas par la base de repos icdo, le corps que l'on suppose maintenu d'abord dans la position représentée par la figure, se déplacera dès qu'il ne sera plus soutenu, et prendra pour nouvelle base de repos la face abcd, par laquelle la ligne de gravité passe primitivement. — Le déplacement peut encore avoir lieu par suite d'une impulsion ou d'une addition de masse qui déplace le centre de gravité, comme par exemple si (Fig. 2) l'on ajoutait un poids quelconque à l'une des extrémités C ou D du corps placé en équilibre sur la base de repos I.

Fig. 3.

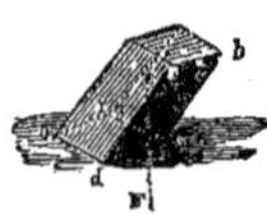

33. — La stabilité est d'autant moins grande que la base de repos est plus étroite, ou que la ligne de gravité passe plus près du périmètre de la base de repos, ou encore que le centre de gravité est plus élevé; car alors la moindre impulsion, la plus petite addition de masse suffit pour que le centre de gravité ne passe plus par la base de repos. C'est pour cette raison qu'une boule roule si facilement, et que les édifices élevés ont besoin d'être plus solidement construits que les autres.

34. — La *chute* a lieu pour tout corps qui, maintenu d'abord à distance de la terre, est ensuite abandonné à lui-même. Nous parlerons de la chute des corps en parlant de leur pesanteur (n°s 44 à 50).

35. — La PESANTEUR d'un corps provient de l'attraction exercée par la terre sur chacune de ses molécules. Tous les corps sont donc pesants puisqu'ils sont tous composés de molécules, et ils le sont d'autant plus que leurs molécules sont plus nombreuses.

36. — Deux corps de substances diverses ont rarement le même poids à volume égal; cela tient à ce que leur densité n'est pas la même, et que par conséquent les molécules de l'un sont plus nombreuses que celles de l'autre. Cette différence de poids sous un même volume porte le nom de pesanteur spécifique.

37. — La chaleur ou la pression influant sur le volume des corps, il est évident qu'une même substance varie de pesanteur spécifique. On désigne par maximum de densité l'état dans lequel un corps présente plus de molécules sous un même volume. — L'eau est à son maximum de densité lorsqu'elle est à 4 degrés au-dessus de 0; et c'est au poids de l'eau réduite à son maximum de densité que l'on compare le poids des autres corps pour connaître leur pesanteur spécifique.

38. — Chacun sait que le litre égale en volume un décimètre cube, et qu'un litre d'eau pèse 1 kilogramme. Cela posé, s'il s'agit de connaître la pesanteur spécifique d'un liquide, il suffit d'en peser un litre ou partie, et d'en comparer le poids avec celui d'un même volume d'eau. Si c'est du mercure, par exemple, on trouvera qu'un litre pèse 13k.,60; si c'est de l'huile d'olive 0k.,90; ces nombres désignent la pesanteur spécifique de chacun de ces liquides.

39. — Pour connaître la pesanteur spécifique d'un solide, on le plonge d'abord dans l'eau pour trouver son volume, qui est nécessairement égal à celui de la quantité d'eau qu'il déplace, puis l'on compare son poids à celui de l'eau déplacée. — Si, par exemple, il s'agit d'un lingot de plomb pesant 34k.,20, et que ce lingot déplace 3 litres d'eau : en divisant 34k.,20, poids du lingot, par 3k.,00 poids de l'eau déplacée, on obtient pour quotient 11,40; ce dernier nombre étant le poids d'un lingot de plomb égal en volume à un litre d'eau, on connaît alors que la pesanteur spécifique du plomb est 11,40.

40. — Nous donnons ici la pesanteur spécifique des substances les plus importantes, avec une seule décimale pour celles qui pèsent plus que l'eau, cette approximation suffisant pour les distinguer :

Platine....	20,9	Fer......	7,8	Verre.....	2,6	Pierre ponce.	0,91
Or.........	19,3	Acier.....	7,7	Chêne vieux	1,7	Huile d'olive.	0,81
Mercure....	13,5	Étain.....	7,3	EAU.....	1,0	Hêtre.......	0,85
Plomb......	11,4	Zinc......	7,2	Cire.......	0,95	Alcool.......	0,79
Argent.....	10,5	Cristal....	2,7	Chêne frais.	0,93	Sapin.......	0,55
Cuivre.....	8,9	Marbre...	2,2	Glace......	0,93	Liége.......	0,24

On voit qu'à volume égal, le platine pèse près de 21 fois autant que l'eau, tandis que le cuivre ne pèse qu'environ 9 fois autant, le sapin un peu plus de la moitié, le liége moins du quart.

41. — L'air lui-même est pesant, et les expériences ont démontré qu'un litre de ce fluide pèse 1 gramme 29 centigrammes (près de 800 fois moins que l'eau). Pour connaître la pesanteur spécifique d'un fluide aériforme, on compare le poids d'un volume de ce fluide avec le poids d'un volume égal d'air. Si donc il s'agit de connaître la pesanteur spécifique du gaz hydrogène; après avoir pesé un ballon ou une bouteille en verre vide, on le remplit d'air, puis on le pèse de nouveau; la différence entre les deux poids obtenus donne la pesanteur de l'air renfermé dans le ballon; on le vide de nouveau, puis on le remplit de gaz et on le pèse. La différence entre le dernier poids obtenu et le poids du ballon vide donne le poids du gaz contenu dans le ballon.

42. — Voici la pesanteur spécifique des principaux fluides aériformes :

Oxygène 1,1. — AIR 1,0. — Azote 0,97. — Hydrogène 0,07. — Vapeur d'eau 0,6.

43. — Le poids total de l'air qui environne la terre (atmosphère) est égal à celui d'une nappe d'eau de 10m.,40; ou d'une nappe de mercure de 0m.,76.

44. — L'attraction ayant lieu en raison directe des masses, si l'on place un corps dans un fluide, il y aura chute ou ascension de ce corps : *ascension* (tendance à monter), si la pesanteur spécifique du corps est moindre que celle du fluide; *chute* (tendance à descendre), si c'est le contraire. Si par exemple, après avoir maintenu au milieu d'une masse d'eau, deux bouteilles remplies l'une de mercure et l'autre d'huile, on vient à les briser, l'huile montera à la surface, et le mercure tombera au fond. Si encore on ouvrait dans l'air deux vases remplis l'un d'oxygène et l'autre d'hydrogène, l'oxygène descendra et l'hydrogène montera.

45. — Dans le vide, la rapidité de la chute serait la même pour tous les corps; mais on comprend facilement que l'air, par suite de l'attraction exercée sur lui par la terre, diminue la rapidité de la chute. — Plus il y a de différence entre les pesanteurs spécifiques, plus le mouvement de chute ou d'ascension est rapide dans l'air.

46. — La distance parcourue par un corps qui tombe n'étant rien, pour ainsi dire, par rapport à celle qui le sépare du centre de la terre, le rapprochement entre les deux centres de gravité (celui de la terre et celui du corps tombant) doit être considéré comme nul. La deuxième partie de la loi d'attraction, qui dit qu'elle a lieu en raison inverse du carré des distances (n° 24), n'influe donc en rien sur la rapidité de la chute des corps.

47. — Le mouvement d'un corps qui tombe est uniformément

accéléré en raison : 1° de son inertie, qui lui fait conserver le mouvement acquis ; 2° de l'action constante de l'attraction, qui ajoute continuellement la vitesse primitive à la vitesse acquise.

48. — Les expériences ont démontré que dans le vide l'espace parcouru croît en raison du carré des temps, c'est-à-dire que, si pendant la première seconde de sa chute un corps parcourt 1 mètre, en deux secondes il en parcourra 4 (2×2) ; en 3 secondes il en parcourra 9 (3×3), etc. Pour connaître l'espace parcouru en un certain nombre de secondes, il suffit donc de multiplier l'espace parcouru pendant la première, par le carré du nombre de secondes écoulées pendant la chute.

49. — Les règles que nous venons de donner pour l'accélération de la chute des corps, régissent en sens inverse la décroissance de la vitesse dans l'ascension verticale des projectiles.

MOUVEMENT.

50. — La *mobilité* d'un corps consiste dans son aptitude au déplacement ; c'est un des résultats de son inertie ; sa *direction* est le point vers lequel il tend ; et sa *vitesse* est l'espace qu'il parcourt en un temps donné.

51. — Les lois qui régissent le mouvement sont au nombre de trois, savoir :

52. — 1re loi. Les corps agissent et réagissent également les uns sur les autres ;

53. — 2e loi. Tout corps mis en mouvement tend à se mouvoir perpétuellement en ligne droite ; cette tendance prend le nom de mouvement primitif ;

54. — 3e loi. Le mouvement primitif est modifié dans le sens et la proportion de l'action des agents qui s'opposent à sa direction.

55. — Le mouvement imprimé à un corps est dit : *absolu*, comparé à l'état de repos ; *relatif*, comparé au mouvement d'un autre corps ; *accéléré* ou *retardé*, suivant que sa vitesse est croissante ou décroissante ; *régulier*, lorsque sa vitesse est uniforme, ou qu'elle croît ou décroît uniformément ; *simple* ou *composé*, suivant qu'il provient d'un seul ou de plusieurs agents ; *rectiligne*, *réfléchi* ou *curviligne*, suivant que l'espace parcouru est en ligne droite, brisée ou courbe ; *alternatif*, lorsqu'il va et vient dans un même parcours rectiligne ; *oscillant*, lorsque, étant alternatif, l'espace parcouru est un arc de cercle.

CAUSES DU MOUVEMENT.

56. — Moteurs. — On désigne sous ce nom tout agent servant à déterminer un mouvement. Les moteurs ordinaires sont : 1° les *animaux* ; 2° les *cours d'eau* ; 3° le *vent* ; 4° les *fluides élastiques* et plus particulièrement la *vapeur* ; 5° les *poids* et les *ressorts*. — On étend la dénomination de moteur à la pièce qui transmet le mouvement ; une roue de moulin, par exemple, est le moteur du moulin.

57. — Forces. — On nomme force ou puissance l'intensité de l'action d'un moteur. — Une force est dite *force motrice*, lorsqu'elle produit un effet utile ; — *morte*, si elle ne produit pas d'effet utile ; — *impulsive*, lorsqu'elle imprime instantanément un mouvement dont la durée excède son temps d'action ; — *constante* ou *continue*, lorsque l'action se prolonge pendant toute la durée du mouvement ; — *uniforme*, lorsqu'elle produit constamment le même mouvement ; — *variable*, lorsqu'elle ne produit pas des effets égaux dans des temps égaux.

58. — Les forces s'apprécient par *atmosphères* ou par *chevaux de vapeur*.

59. — *Atmosphères*. — Une force, agissant sur une surface qu'elle tend à soulever, est dite d'*une atmosphère*, si elle fait équilibre à la pression exercée sur cette surface par la colonne d'air qu'elle supporte ou par une hauteur de mercure de 0m,76 (voir n° 43), dont cette surface serait recouverte ; — de *deux atmosphères*, si elle fait équilibre à deux fois cette pression, etc. — Tout moteur, ayant à vaincre la résistance de l'air avant de produire aucun effet utile, a donc toujours une force morte d'une atmosphère ; ce qui n'existerait pas s'il agissait dans le vide. — La force de la vapeur s'accroît rapidement par son élévation de température ; cette force est de 1 atmosphère à 100 degrés centigrades ; de 2 à 122 degrés ; de 3 à 135, etc.

60. — *Chevaux de vapeur*. — Une force est dite d'un cheval de vapeur, lorsque, dans l'espace d'une seconde, elle élève 75 kilogr. à 1 mètre, ou 1 kilogr. à 75 mètres, ou enfin telle combinaison de poids qui, multipliée par la hauteur parcourue donne 75 pour produit par seconde ; comme par exemple 25 kilogr. élevés à 3m en une seconde. Une force est d'autant de chevaux de vapeur que le produit du poids multiplié par la hauteur parcourue en une seconde contient de fois 75 ; ainsi, par exemple, 50 kilogr. élevés à 6m en une seconde sont mus par une force de quatre chevaux (50×6 : 75=4).

61. — Puissances mécaniques. — On nomme puissance mécanique tout appareil destiné à modifier la force d'un moteur. — Il y a six puissances mécaniques simples, savoir : 1° le *levier* ; 2° le *treuil* ; 3° la *poulie* ; 4° le *plan incliné* ; 5° le *coin* ; 6° la *vis*. — La réunion combinée de plusieurs puissances forme une machine.

62. — Dans l'emploi de toute puissance mécanique, ce que l'on gagne en force on le perd en vitesse, et vice versa (voir n° 87) ; il en résulte que : 1° la puissance égale la résistance autant de fois que l'espace qu'elle parcourt contient de fois l'espace parcouru par la résistance ; 2° la puissance doit être égale à autant de fois la résistance que l'espace à parcourir par cette dernière contient de fois l'espace parcouru par la puissance. Nous reviendrons sur les puissances mécaniques, après avoir parlé des modifications du mouvement (nos 85 à 100).

63. — Mouvement composé. — On entend par mouvement composé le résultat de l'action simultanée de plusieurs forces ; ces forces prennent alors le nom de *composantes*, et la direction qu'elles impriment prend celui de *résultante*. — On entend par *résolution des forces* la recherche des forces produisant une résultante, et par *composition des forces* la recherche de la résultante.

64. — L'action simultanée de plusieurs forces sur un même corps présente des résultats très-variés ; nous nous bornerons à donner les principaux. — Afin de bien faire comprendre les lois qui régissent les chocs simultanés, on représente les forces par des lignes indiquant à la fois la direction et la distance que parcourrait le corps soumis à l'action isolée ou simultanée de ces forces. Ce qui est dit de la distance totale parcourue peut s'appliquer à la vitesse ou distance parcourue en un temps donné.

65. — 1er cas. — Si deux forces égales agissent simultanément et en sens contraire, elles s'annulent et sont dites en équilibre. Le corps sur lequel elles agissent reste alors immobile.

66. — 2e cas. — Si deux forces simultanées et opposées sont inégales, le corps sur lequel elles agissent prend la direction imprimée par la plus énergique, mais ne parcourt que leur différence. — Soit, par exemple, la boule A (Fig. 4) ; AB la direction et la distance que lui ferait parcourir l'action isolée de l'une des forces ; AC la distance et la direction que lui ferait parcourir l'action isolée de l'autre force. La boule, sollicitée simultanément par les deux forces, prendra la direction AC, qui est celle de la plus énergique, mais ne parcourra que la distance AD qui est l'excès de AC sur AB.

Fig. 4.

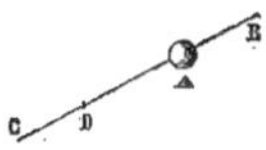

Fig. 5.

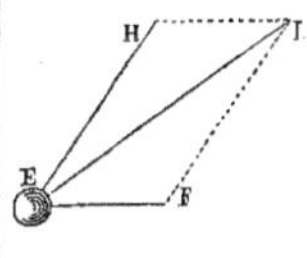

67. — 3e cas. — Deux forces agissant isolément feraient parcourir à la boule E (Fig. 5), l'une la distance EF, l'autre la distance EH ; leur action simultanée lui fera parcourir EI, qui est la diagonale du parallélogramme EFIH, construit sur les deux distances primitives. Ce parallélogramme est nommé *parallélogramme des forces*.

MODIFICATIONS DU MOUVEMENT.

68. — Les causes de modification d'un mouvement primitif sont : 1° la *résistance de l'air* ; 2° la *pesanteur* ; 3° le *frottement* ; 4° l'*adhérence à un autre corps* ; 5° la *collision*. Quelques exemples suffiront pour faire comprendre ces modifications.

69. — **Mouvement primitif modifié par la pesanteur et par la résistance de l'air.** Une bombe lancée obliquement décrit une courbe nommée parabole à cause de sa similitude avec la section conique qui porte ce nom. — La résolution des forces ferait connaître dans quelles proportions agissent la pesanteur du projectile et la résistance de l'air, pour lui faire décrire une courbe au lieu d'une droite, et limiter la hauteur du jet. — La composition des forces ferait connaître la quantité de poudre à employer pour faire parcourir une distance voulue à une bombe d'un poids donné, et quelle serait l'inclinaison nécessaire à la pièce qui la lance.

70. — **Mouvement primitif, modifié par la résistance de l'air et le frottement.** Une boule lancée sur la glace prendra une direction rectiligne, mais son mouvement primitif se ralentira peu à peu jusqu'à ce qu'il cesse, par suite de la résistance de l'air et du frottement. — La même boule, lancée sur une allée sablée, suivra de même une direction rectiligne, mais parcourra une moindre distance, le frottement étant plus considérable par suite des aspérités du sol.

Fig. 6.

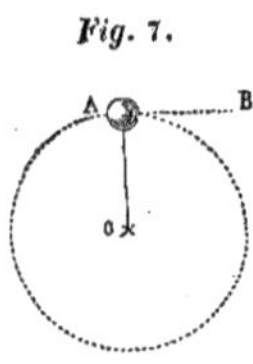

71. — **Mouvement primitif modifié par l'adhérence à un autre corps.** — Une boule A (Fig. 6), retenue au point O par un fil, tendra, par suite de l'attraction terrestre, à venir se placer dans la verticale OC, le point C étant celui auquel, vu son adhérence au point O, elle peut être le plus rapprochée de la terre; mais par suite de son inertie qui lui fait conserver le mouvement acquis, elle dépasserait le point C d'une distance CB qui serait égale à CA, si la résistance de l'air ne venait lui présenter un nouvel obstacle; arrivée en B, elle reviendra sur elle-même pour retourner en D, et ainsi de suite jusqu'à ce qu'enfin elle s'arrête en C. Ce mouvement, qui prend le nom d'*oscillation*, serait perpétuel, si, comme nous venons de le dire, chaque parcours n'était moindre que le précédent, de l'autre côté de la verticale, par suite de la résistance de l'air, et de plus par le frottement qui a lieu au point de suspension O. —L'arc AE donne la mesure de l'oscillation dont le point O est le centre. — Les palettes d'une roue de moulin prendraient la vitesse et la direction rectiligne imprimée par le courant, si elles n'étaient adhérentes à la roue; cette adhérence leur fait décrire une circonférence au lieu d'une droite.

Fig. 7.

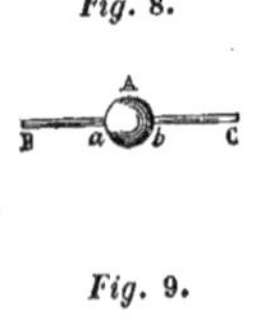

72. — Une pierre A (Fig. 7) placée dans une fronde parcourt, tant qu'elle est retenue, une circonférence dont la main O est le centre, et dont la longueur de la ficelle OA est le rayon; mais lorsqu'elle s'échappe, elle prend une direction rectiligne AB, tangente à cette circonférence, et perpendiculaire au rayon AO formé par la ficelle au moment du départ. — Cette tendance à s'éloigner du centre d'un cercle dont un corps est assujetti à parcourir la circonférence, est nommée *force centrifuge* (qui éloigne du centre) par opposition à la dénomination de *force centripète* (qui rapproche du centre) donnée à la force d'attraction.

Fig. 8.

73. — Plus le mouvement de rotation est accéléré, plus la force centrifuge est grande. Par exemple, faites passer une baguette BC par le centre d'une boule de terre glaise A (Fig. 8), et imprimez à cette baguette un mouvement de rotation sur son axe, qu'elle communique à la boule de terre (mouvement analogue à celui que produit un tourne-broche); les molécules de la boule, retenues par leur adhérence mutuelle, afflueront d'abord vers le centre, de manière à rapprocher les pôles a, b, et la boule prendra une forme elliptique (Fig. 9). — Si le mouvement de rotation continue, les molécules à la circonférence se détacheront de la masse et s'élanceront dans la direction

Fig. 9.

Fig. 10.

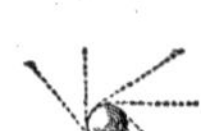

des tangentes, ainsi que le fait la pierre lancée par la fronde (Fig. 7) ou comme le font les étincelles d'un soleil d'artifice (Fig. 10), mais avec cette différence que, dans ce dernier cas, ce sont les étincelles qui, en se projetant, impriment un mouvement de rotation rétroactif à la masse, tandis que dans le premier, c'est le mouvement de rotation qui projette en avant les parcelles de terre.

74. — C'est à l'action de la force centrifuge que l'on doit attribuer l'aplatissement de la terre vers ses pôles, et son renflement à l'équateur.

75. — **Mouvement primitif modifié par la collision.** — Dans les règles que nous allons donner sur les résultats du choc des corps, nous ferons entière abstraction des modifications apportées par la résistance de l'air et par l'élasticité des corps, modifications qui varient suivant la matière dont les corps sont composés.

Fig. 11.

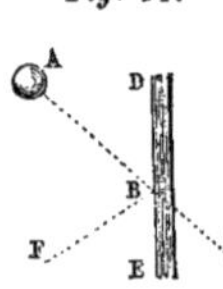

76. — Une boule A (Fig. 11) lancée dans la direction AC, rencontrant en B un obstacle rectiligne (soit un mur DE), non susceptible d'être mis en mouvement par ce choc, prendra une nouvelle direction BF qui formera avec le mur un angle FBE dit de *réflexion*, égal à l'angle ABD que l'on nomme angle d'*incidence*; d'où l'on dit que l'angle d'incidence est égal à l'angle de réflexion. — Plus l'angle d'incidence est aigu, moins il y a de perte de vitesse après la rencontre. Si cet angle était droit, ce qui aurait lieu si la première direction était perpendiculaire à l'obstacle, le mouvement cesserait dès le choc, sauf la rétroaction occasionnée par l'élasticité, ou par le mouvement de rotation en sens inverse.

77. — La vitesse primitive d'un mobile communiquant le mouvement à un inerte qu'il rencontre, est répartie entre leurs masses. Trois cas peuvent se présenter : 1er cas, lorsque les deux corps sont de masses égales; 2e cas, lorsque le mobile a plus de masse que l'inerte; 3e cas, lorsque l'inerte a plus de masse que le mobile.

Fig. 12.

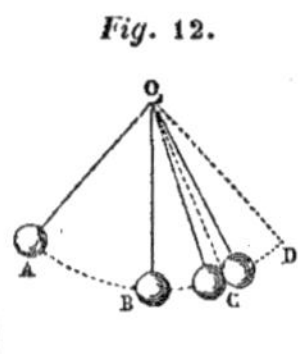

78. — Supposons deux boules (Fig. 12), suspendues en un point O par des fils d'égale longueur; l'une mobile A, placée à 40 degrés de la verticale; l'autre inerte B, qui doit par conséquent être sur la verticale. Admettons de plus que le mobile soit armé d'une petite pointe qui, en s'enfonçant dans l'inerte au moment du choc, détruit l'effet de l'élasticité. — Nous savons que, sauf les modifications apportées par la résistance de l'air et par le frottement en O, le mobile A parcourrait de l'autre côté de B un arc BD égal à AB. — Abstraction faite des modifications de mouvement apportées par ces causes, voyons quels seraient les résultats de la collision dans les trois cas énoncés n° 77.

Fig. 13.

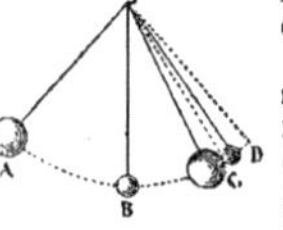

79. — 1er cas (Fig. 12) : Si les deux boules sont égales, la vitesse primitive de A étant répartie entre elle et l'inerte B, le parcours des deux boules réunies sera BC ou 20 degrés, au lieu de BD ou 40 degrés que A seul parcourrait.

Fig. 14.

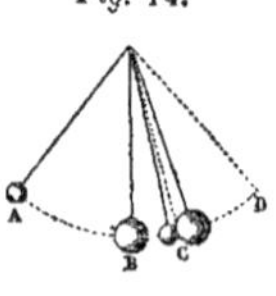

80. — 2e cas (Fig. 13) : Si la masse de la boule mobile est plus forte que celle de l'inerte, soit 4 fois, le parcours sera BC ou 32 degrés, au lieu de BD ou 40 degrés que A seul parcourrait.

81. — 3e cas (Fig. 14) : Si la masse de l'inerte B est plus forte que celle du mobile A, soit 4 fois, le parcours sera BC ou 8 degrés, au lieu de BD ou 40 degrés que A seul parcourrait.

82. — On entend par *moment d'un corps* le produit de sa masse multipliée par sa vitesse (espace parcouru en un temps donné). — Dans les trois cas qui précèdent, les moments doivent être égaux de chaque côté de la verticale.

83. — Pour trouver la 2ᵉ vitesse, c'est-à-dire l'espace que doivent parcourir le mobile et l'inerte qu'il entraîne, il suffit donc de faire la proportion : somme des masses, est à masse mobile comme 1ʳᵉ vitesse est à 2ᵉ vitesse; ou autrement dit : multiplier la masse du mobile par la 1ʳᵉ vitesse, et diviser le produit par la somme des masses.

84. — En représentant par 1 la masse de chaque boule :

Dans le 1ᵉʳ cas (79) nous aurons la proportion : $1 + 1 : 1$ $40 : x$, ou $40 \times 1 : 2 = 20$.

Dans le 2ᵉ cas (80) la masse de A étant 4, et la masse de B étant nous aurons : $4 + 1 : 4 :: 40 : x$, ou $40 \times 4 : 5 = 32$.

Dans le 3ᵉ cas (81) la masse de A étant 1 et la masse de étant 4, nous aurons la proportion : $1 + 4 : 1 :: 40 : x$, ou $40 \times$ $5 = 8$. Les nombres donnés plus haut pour le second parcou. sont donc exacts.

MACHINES.

85. — Les *machines* sont rangées en deux classes : les machines simples et les machines composées. — Les *machines simples*, nommées encore *puissances mécaniques* (nᵒ 61), sont : le *levier*, le *treuil*, la *poulie*, le *plan incliné*, le *coin*, la *vis*. — Le treuil et la poulie sont de véritables applications du levier, comme aussi le coin et la vis sont des applications du plan incliné.

86. — Les *machines composées* ou *machines* proprement dites, sont toutes formées par la combinaison des machines simples; leur nombre n'a d'autres limites que celles du génie inventif de l'homme. — L'étude des machines simples, et surtout celle du levier, sont de la plus haute importance en mécanique, puisque c'est de la connaissance exacte des lois qui régissent leur action que dépend la bonne construction et surtout l'application convenable des machines les plus compliquées. Nous y joindrons quelques détails sur les engrenages dont le rôle est si fréquent et si essentiel; et sur la vis sans fin, machine si simple et si ingénieuse.

LEVIER.

Fig. 15.

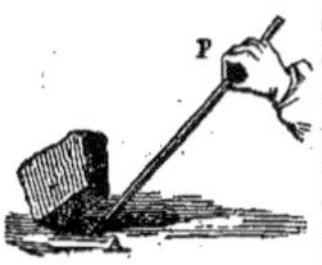

87. — La forme et l'usage du *levier* varie à l'infini; mais on donne plus particulièrement ce nom à une barre de fer coudée (Fig. 15) servant à soulever de lourds fardeaux. — Dans le levier on distingue : 1° le *point d'appui* A, sur lequel il repose; 2° le *point de résistance* R, où il touche le fardeau à soulever; 3° le *point de puissance* P, où s'applique la force qui doit faire équilibre au fardeau ou le soulever; 4° les *bras* AR, AP, qui séparent les points de résistance R et de puissance P du point d'appui A.

88. — L'*équilibre* entre la puissance et la résistance a lieu toutes les fois que leurs *moments sont égaux*, c'est-à-dire toutes les fois que le produit de la puissance, multipliée par l'espace qu'elle doit parcourir, égale le produit de la résistance multipliée par l'espace qu'elle doit parcourir dans le même temps, de telle sorte que la moindre addition de puissance détermine le mouvement. C'est ce que l'on nomme *principe des vitesses virtuelles*, duquel découle cette vérité, que, en mécanique : ce que l'on gagne en force on le perd en vitesse, et vice versa. — NOTA : *La théorie fait abstraction du poids du levier, ou plutôt elle suppose que les deux bras sont égaux en poids, et que par conséquent le centre de gravité du levier repose sur son point d'appui.*

Fig. 16.

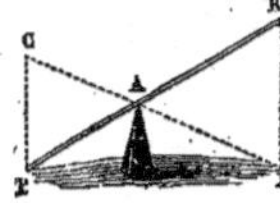

89. — Soit (Fig. 16) un levier rectiligne qui, basculant sur son point d'appui, prend successivement les positions PR, CD. Les espaces parcourus en un même temps par ses extrémités sont représentés par les droites DR, PC; les triangles PAC, RAD sont semblables, et leurs côtés homologues sont proportionnels; il en résulte que si le bras AR est double du bras AP, l'espace parcouru RD est double de PC; les distances parcourues sont donc entre elles comme sont entre eux les bras du levier.

90. — La longueur des bras d'un levier étant généralement plus facile à apprécier que les espaces parcourus en un même temps par la puissance et par la résistance; les bras étant d'ailleurs proportionnels aux espaces à parcourir; en appliquant au levier le principe des vitesses virtuelles (nᵒ 88), on peut substituer la longueur des bras aux espaces à parcourir en un même temps par la puissance et par la résistance; donc : dans l'emploi du levier, l'équilibre a lieu lorsque le produit de la puissance, multipliée par sa distance du point d'appui, égale le produit de la résistance multipliée par sa distance du point d'appui.

91. Il y a trois *genres de leviers*; cette classification dépend de la position respective des points d'appui, de résistance et de puissance.

1ᵉʳ genre : *Point d'appui* entre les deux autres; exemples : le levier ordinaire, les balances, les ciseaux.

2ᵉ genre : *Point de résistance* entre les deux autres; exemples : le couteau des boulangers, les machines à broyer le chanvre.

3ᵉ genre : *Point de puissance* entre les deux autres; exemples : les pincettes, les cisailles, les étaux.

Pour bien faire comprendre la loi de puissance des leviers (90), nous allons donner des exemples qui, appliqués aux divers genres de leviers, peuvent également se rapporter à chacun d'eux.

Fig. 17.

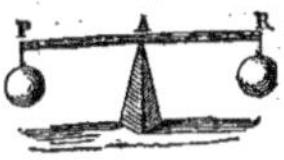

92. — Le levier (Fig. 17) est du premier genre, le point d'appui A étant entre le point de puissance P et le point de résistance R. — Les bras AP, AR étant supposés de même longueur, il faudra, pour qu'il y ait équilibre, que les poids situés en P et en R soient égaux.

Fig. 18.

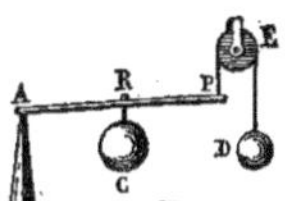

93. — Le levier (Fig. 18) est du deuxième genre, le point de résistance étant entre les deux autres. — La distance AP étant supposée double de AR, il ne faudra en P, pour qu'il y ait équilibre, qu'un poids égal à la moitié du poids situé en R; c'est-à-dire que si la boule C pèse deux kilogrammes, la boule D, suspendue à l'extrémité d'une corde passée dans une poulie E, n'aura besoin d'en peser qu'un. — Cet exemple fait comprendre pourquoi de deux hommes portant un fardeau à l'aide d'un bâton, l'un fatigue plus que l'autre si le fardeau est plus près de lui.

Fig. 19.

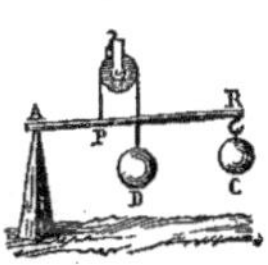

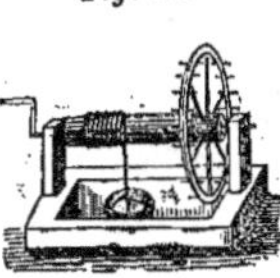

94. — Le levier (Fig. 19) est du troisième genre, la puissance étant au milieu. — Le point de puissance P étant supposé à 1 distance du point d'appui A, et le point de résistance R à 3 distances de ce même point, il faudra, pour qu'il y ait équilibre, que la puissance égale trois fois la résistance; c'est-à-dire que si la boule C pèse un kilogramme, la boule D devra en peser trois.

TREUIL.

Fig. 20.

95. — Le *treuil* (Fig. 20) est composé : 1° d'un cylindre en bois sur lequel s'enroule une corde, à l'extrémité de laquelle est suspendu le fardeau à soulever; 2° de deux tourillons ou petits cylindres en fer, fixés au centre du cylindre en bois, et enchâssés dans des montants fixes; 3° d'une roue en bois dont les rayons sont fixés autour du cylindre en bois, ou d'une manivelle, adaptée à l'un des tourillons. — Les

; tourillons servent de points d'appui; la résistance est à la ›nférence du cylindre; la puissance est à la circonférence de ›ue, ou à la circonférence que décrit la manivelle. — Pour 'équilibre ait lieu, il faut donc que le produit de la puissance, pliée par le rayon de la roue ou de la manivelle, égale le ıit de la résistance multipliée par le rayon du cylindre en ; augmenté du rayon de la corde.

POULIE.

Fig. 21.

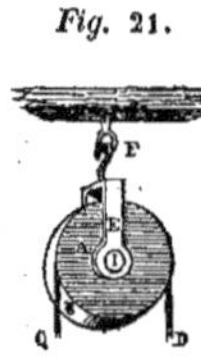

96. — La *poulie* (Fig. 21) est une roue A, creusée à sa circonférence d'une *gorge* B dans laquelle passe une corde CD; traversée au centre par un pivot I dont les extrémités sont enchâssées dans les montants d'une *chape* E, qui est soutenue par le *crochet* F si la poulie est fixe. — L'emploi d'une seule poulie n'offre pas d'avantage mécanique, en ce sens qu'il n'en résulte aucune augmentation de force ou de vitesse; mais il y a transformation du mouvement *descendant* de la puissance appliquée à l'une des extrémités C de la corde, en mouvement *ascendant* de la résistance ou fardeau placée à l'autre extrémité D de la corde. La combinaison de plusieurs poulies prend le nom de *moufle*, dont les principales sortes sont décrites planches 3 et 4.

PLAN INCLINÉ.

Fig. 22.

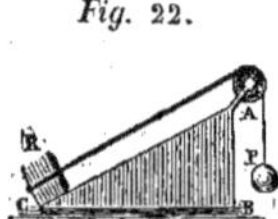

97. — Pour faire équilibre à un fardeau (N° 96, Fig. 21) suspendu à l'une des extrémités C de la corde passée dans la gorge d'une poulie, il faut appliquer à l'autre extrémité D une puissance égale à la résistance; mais si (Fig. 22) le fardeau R, au lieu d'être librement suspendu, se trouve appuyé sur un *plan incliné* AC, la puissance P qui doit l'élever à la hauteur AB parcourra une distance égale à AC, longueur du plan incliné; — pour qu'il y ait équilibre, le produit de la puissance P, multipliée par la longueur du plan incliné AC, doit être égal au produit de la résistance R, multipliée par la hauteur AB.

COIN.

Fig. 23.

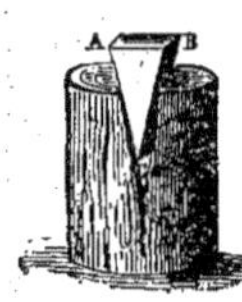

98. — Le *coin* est un instrument en fer ou en bois que l'on introduit, soit entre les molécules d'un corps pour le séparer en deux (Fig. 23), soit entre deux corps pour augmenter l'adhérence ou la pression. — L'introduction d'un coin exige d'autant moins de force que sa plus grande largeur AB est moindre, comparativement à la longueur des plans inclinés CB, CA.

VIS.

Fig. 24.

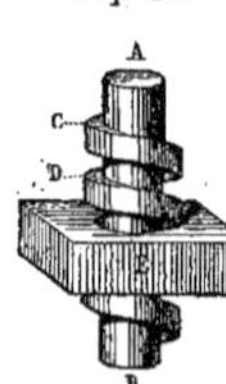

99. — La *vis* (Fig. 24) est composée d'un cylindre ou *noyau* AB auquel adhère un *filet* saillant C qui fait le tour du noyau en s'élevant d'une hauteur CD que l'on nomme *pas de vis*. L'action d'une vis est dirigée par son introduction dans une pièce E nommée *écrou*, à l'intérieur de laquelle est pratiquée une rainure que le filet de la vis doit remplir exactement; la vis, ainsi maintenue par l'écrou, ne peut avancer d'une longueur égale à son pas CD qu'en décrivant un tour sur elle-même. — Pour que l'équilibre ait lieu entre la puissance et la résistance, il faut donc que le produit de la puissance, multipliée par la circonférence décrite par la vis égale le produit de la résistance multipliée par la hauteur du pas de vis.

ROUES D'ENGRENAGE.

Fig. 25.

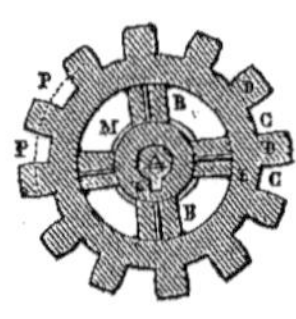

100. — On distingue dans une *roue d'engrenage* (Fig. 25): 1° la *couronne* ou *jante* J; — 2° les *dents* D,D, parties saillantes faisant corps avec la jante; — 3° les *creux* C,C, intervalles entre les dents; — 4° le *moyeu* M, qui reçoit l'*arbre* ou axe A, assujetti au moyen d'une *clef* encaissée dans une *lumière* L; — 5° les *croisillons* ou *bras* B,B qui relient la jante au moyeu; — 6° le *cercle primitif* P,P, sur lequel se trouvent les points de contact, et qui serait la circonférence d'un cylindre, si les dents étant supprimées, le mouvement était transmis par le frottement seul.

Fig. 26.

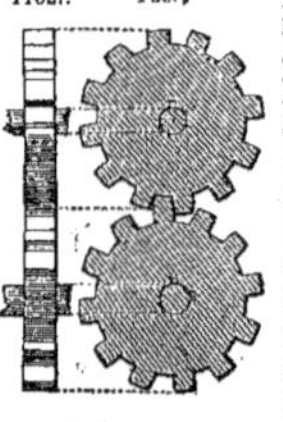

101. — La transmission du mouvement par les roues d'engrenages a lieu de trois manières : 1° d'un axe à un autre axe parallèle; dans ce cas (Fig. 26) les roues sont *droites*; les dents sont taillées parallèlement aux axes, et les mouvements sont parallèles, mais en sens inverse; — 2° d'un axe à un autre axe qui lui est oblique, mais situé dans un même plan; dans ce cas (Fig. 27) les roues sont *coniques* et on les nomme *roues d'angles*; les dents sont taillées dans le sens des droites AB, menées de chaque point des bases au sommet des cônes dans lesquels elles sont prises; le sommet commun des cônes B, doit être au point d'intersection des droites CB,DB qui passent par l'axe de chaque arbre; les mouvements sont obliques ou perpendiculaires entre eux, et inverses; — 3° d'un axe à un autre axe qui lui est oblique et n'est pas situé dans le même plan; dans ce cas les roues sont coniques, mais les cônes dans lesquels elles sont prises n'ont pas de sommet commun, et les dents sont *obliques* aux lignes menées de la base au sommet de chaque cône; les mouvements sont croisés et inverses.

Fig. 27.

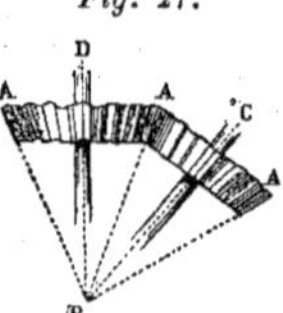

102. — Dans les engrenages, les modifications de vitesse prennent le nom de *vitesse angulaire*. — La vitesse angulaire ou nombre de tours opérés en un même temps par deux roues qui s'engrènent, est en proportion des diamètres des cercles primitifs; le nombre des dents de chaque roue doit être dans la même proportion.

VIS SANS FIN.

Fig. 28.

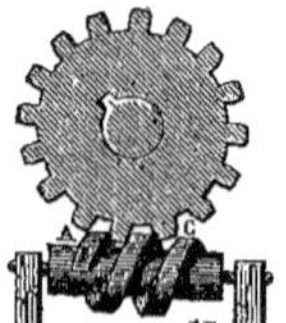

103. — La *vis sans fin* (Fig. 28), est une machine composée d'une roue d'engrenage et d'une vis, ayant leurs lignes d'axe perpendiculaires entre elles. — La transformation de mouvement que l'on obtient par l'emploi de cette machine consiste en ce que chaque dent de la roue, arrivant en A, exerce une pression sur le filet B, et par conséquent force le cylindre à tourner sur lui-même; cette pression est exercée jusqu'à ce que arrivée en C, la dent se dégage d'entre les filets; mais alors son action est continuée par une autre dent qui à son tour est arrivée en A.

BALANCE A COLONNE.

Cette espèce de balance est composée: 1° d'un *Fléau* BC, levier du premier genre, son point d'appui étant entre les deux points d'application des forces; — 2° de deux *Plateaux* suspendus aux extrémités du fléau, et destinés à recevoir l'un les poids, l'autre les objets à peser; — 3° d'un *Couteau* en acier, fixé au milieu du fléau, et posant sur un plan d'acier placé à l'intérieur de la colonne; — 4° d'une *Aiguille* A fixée au fléau pour en rendre les mouvements appréciables; lorsqu'il y a équilibre entre les deux plateaux, l'extrémité de l'aiguille couvre un petit trait vertical tracé sur le milieu de DE.

La justesse des balances dépend de l'égalité de poids entre les plateaux, leurs chaînes et les bras du fléau, mais surtout de l'égalité de longueur des deux bras AB, AC. — Pour remédier à l'imperfection des balances, on emploie la méthode des *doubles pesées*; on place l'objet à peser dans l'un des plateaux, et dans l'autre de la grenaille de plomb jusqu'à ce qu'il y ait équilibre; on remplace ensuite l'objet par des poids qui fassent équilibre à la grenaille; ces poids donnent exactement celui de l'objet.

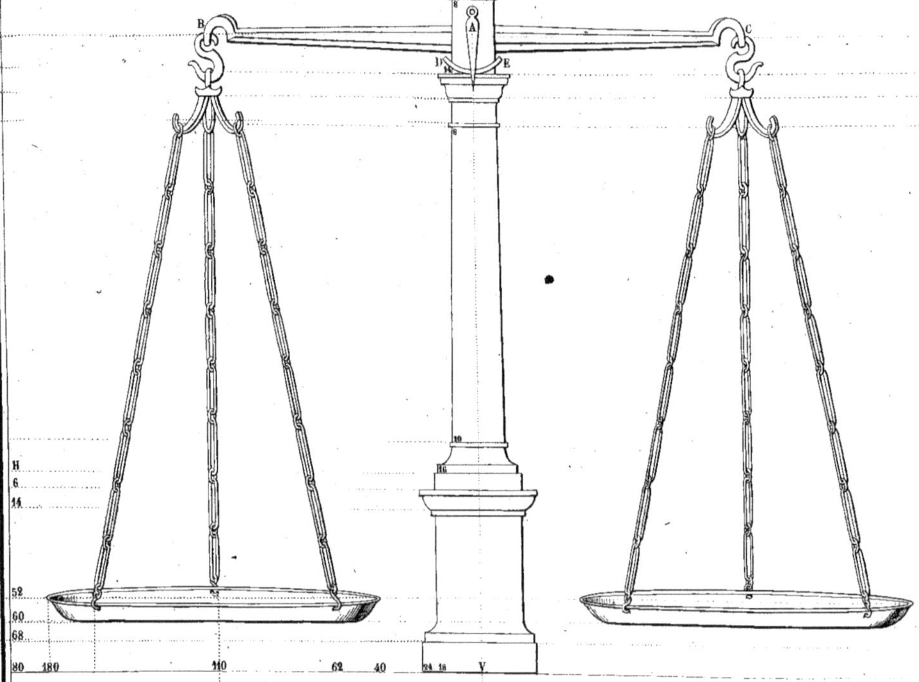

BALANCE DE COMPTOIR — NOUVEAU MODÈLE.

Dans ces nouvelles balances, les plateaux sont situés au-dessus du fléau; ils sont supportés par de petites bandes de fer croisées et fixées au fléau à l'aide des supports M, M; au-dessous du point de rencontre des bandes de fer, sont adaptées de petites tringles en fer N, N, qui, engagées dans les piédestaux O, O, ne laissent au fléau la possibilité de se mouvoir que verticalement.

L'aiguille P fait corps avec le fléau, dont elle marque les mouvements sur l'arc de cercle R S supporté par une lyre fixée au piédestal du milieu. — Ces balances sont commodes en ce que les plateaux peuvent recevoir des objets volumineux et qu'en outre on peut les enlever pour transvaser leur contenu.

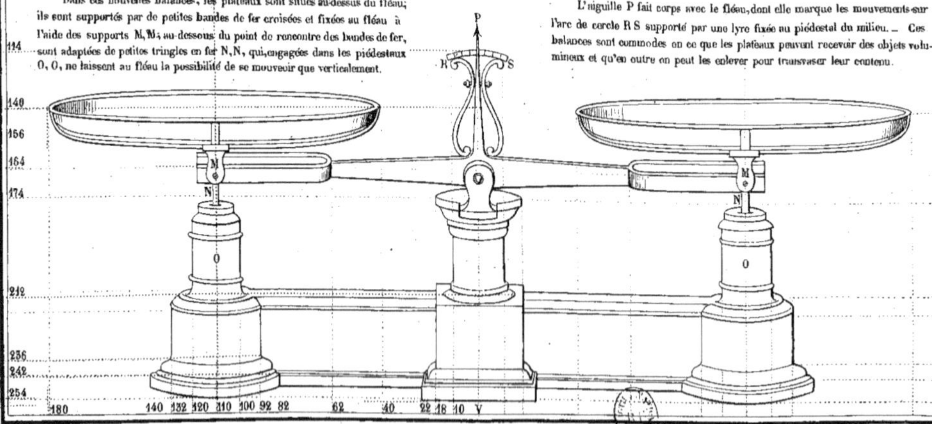

ROMAINE.

Cet instrument de pesage est un levier du premier genre, son point d'appui A étant situé entre les deux points d'application des forces, l'un B où est un crochet servant à suspendre les objets à peser, l'autre C qui est variable. — La théorie du levier (90) fait comprendre facilement que le poids D peut faire équilibre à des objets plus ou moins lourds, suivant que son point de suspension C est plus ou moins éloigné du point d'appui A.

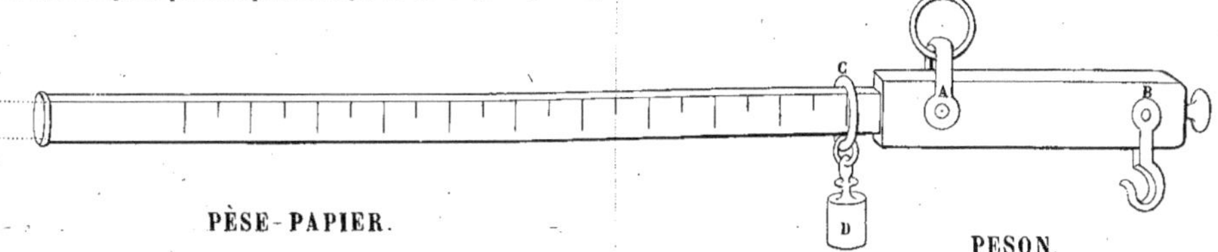

PÈSE-PAPIER.

L'anneau B, son contre-poids C et l'aiguille D sont d'un même morceau; ces trois parties basculent en même temps autour du point d'appui A, et cela d'après le poids de la feuille de papier que l'on place dans l'anneau B, et qui se trouve indiqué par l'aiguille D sur l'arc de cercle E F qui reste fixe.

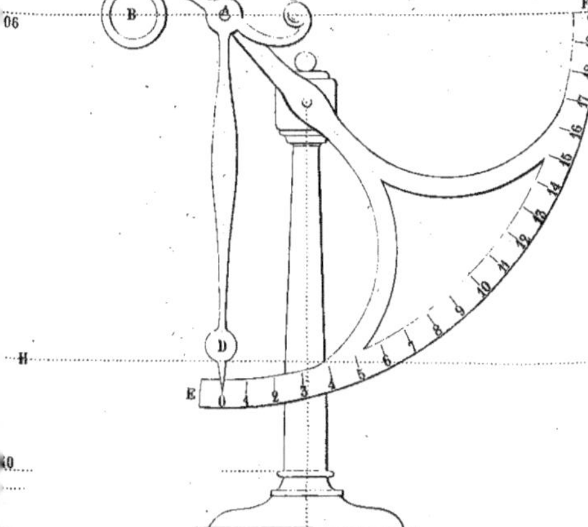

PESON.

Cet instrument est composé d'une bande d'acier faisant ressort en A. L'objet suspendu au crochet D fait baisser la branche B A qui vient marquer son poids sur l'arc F G.

BASCULE.

Dans la balance-bascule, le plateau B sur lequel se pose l'objet à peser, est, à l'aide de leviers composés à l'intérieur, suspendu au point d'appui A, comme s'il en était 10 fois plus près que le point C où est suspendu le plateau dans lequel on met les poids. De cette combinaison il résulte qu'il faut sur le plateau D 10 fois moins de poids que ne pèse l'objet placé sur le plateau B.

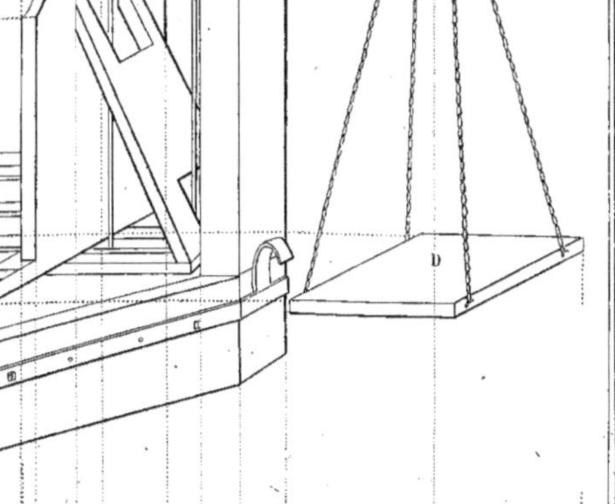

190 160 102 30 V 20 36 44 64 74 96 100 146 190

MOUFLES (suite).

Plusieurs poulies ayant un pivot commun (Fig 8) l'obliquité de certaines parties de la corde occasionne quelquefois son déraillement, ainsi que le frottement des poulies contre les parois de la chape. Le moufle de White (Fig 9 et 10) obvie à ces inconvénients et de plus rend très facile la progression de dimension des poulies.

Dans les moufles à plusieurs cordes, la progression de dimension peut rarement être observée, mais la puissance croît plus rapidement que dans les autres; elle se reconnaît toujours aux espaces parcourus en un même temps par la puissance et par la résistance. — En supposant que R (résistance) monte d'un mètre, Fig. 11 et suivantes, voyons de combien P (puissance) descend en un même temps. (Nota: Les signes + ou – indiquent que la partie de corde désignée par la lettre qui précède augmente ou diminue dans la proportion du chiffre qui suit.

Fig. 4 a – 1; b – 1; c – 2; d – 1; e + 3; P = d ou 1 + e ou 3, ou 4 R. Fig. 5: a – 1; b – 1; c – 3; d + 2; e + 3; P = d + e ou 5 R.
Fig. 6: a – 1; b + 1; c – 2; d + 2; e – 4; f – 4; P = e + f ou 8 R; Fig. 7: a – 1; b – 2; c – 4; d – 8; e + 1; f + 2, g + 4; h + 8; P = e + f + g + h
Fig. 8: a – 1, b – 1, c + 2; d – 3, e – 3; f – 3; g ou P = d + e + f ou 9 R; Fig. 9: a – 1; b – 1; c + 2; d – 3; e – 3; f + 6; g – 9; h – 9; i + 18; P = c + f + i ou 26 R.

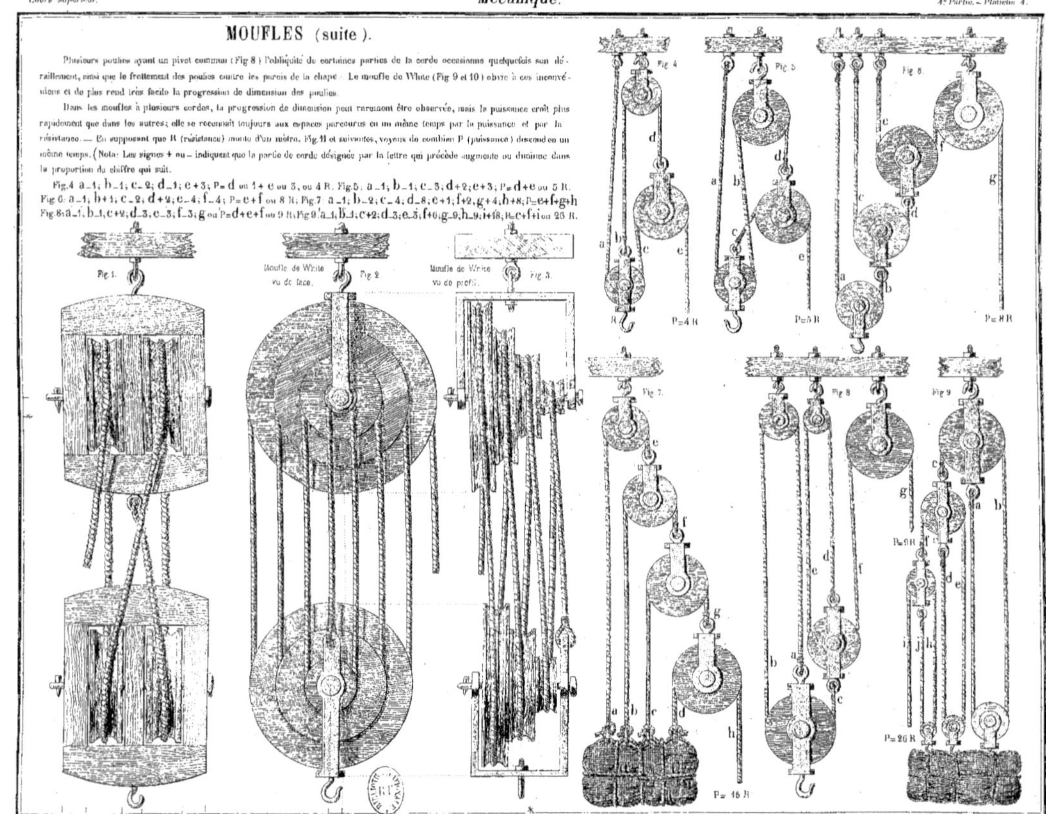

POULIE – MOUFLES.

La *Poulie* est une petite roue creusée, à la circonférence d'une *Gorge* dans laquelle passe une corde, et traversée au centre par un *Pivot* dont les extrémités sont soutenues par les montants d'une *Chape*. – L'emploi d'une poulie seule n'offre pas d'avantage mécanique, en ce sens qu'il n'en résulte aucune augmentation de force ou de rapidité; mais il y a transformation du mouvement descendant de la puissance en mouvement ascendant pour la résistance; de plus les inconvénients qui résulteraient du frottement et de la rigidité de la corde, si elle passait sur un support fixe sont pour ainsi dire annulés.

L'emploi de deux poulies, l'une *Fixe* A (Fig 4), l'autre *Mobile* B, double la puissance, mais conformément au principe des *Vitesses virtuelles*, la rapidité décroît de moitié. On se rend facilement compte de ce double résultat si l'on considère que: 1° le fardeau étant suspendu au crochet C, sa résistance ou pesanteur est répartie entre les deux parties de corde DE, FG; la puissance appliquée en H n'a donc plus à vaincre que la demi-résistance attribuée à FG; 2° Pour que la poulie mobile B monte d'un mètre, il faut que chacune des parties de corde DE, FG diminue d'un mètre, et que par conséquent la puissance H descende de deux mètres. – Afin que les poulies accomplissent un même nombre de révolutions, on leur donne, autant que faire se peut, des dimensions en rapport aux parties de corde qui passent en un même temps sur chacune d'elles.

La combinaison de plusieurs poulies prend le nom de *Mouflé*. Les moufles sont à une ou à plusieurs cordes. Dans ceux à une seule corde (Fig. 4, 5, 6,7,8,9) la puissance égale la résistance autant de fois qu'il y a de poulies; ainsi Fig. 7, si le fardeau à soulever est de 5 kilogrammes, il faut, pour qu'il s'élève d'un mètre, que chacune des cinq parties de corde qui soutiennent la chape mobile soit diminuée d'un mètre; la puissance parcourt donc 5 mètres et n'a par conséquent besoin d'être que d'un kilogr. pour faire équilibre à la résistance.

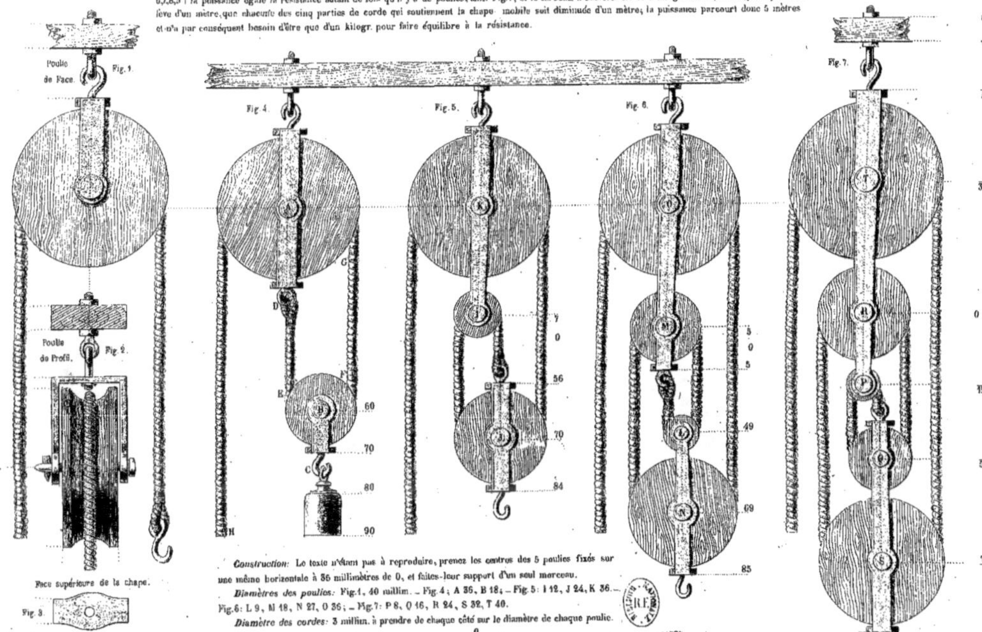

Construction: Le texte n'étant pas à reproduire, prenez les centres des 5 poulies fixés sur une même horizontale à 35 millimètres de 0, et faites-leur support d'un seul morceau.

Diamètres des poulies: Fig. 1, 40 millim. – Fig. 4; A 36, B 18; – Fig. 5: I 12, J 24, K 36. – Fig. 6: L 9, M 18, N 27, O 36; – Fig. 7: P 8, Q 16, R 24, S 32, T 40.

Diamètre des cordes: 3 millim. à prendre de chaque côté sur le diamètre de chaque poulie.

ROUES D'ENGRENAGE (suite).

Dans cet appareil, le mouvement de la roue hydraulique E, transmis au volant par l'engrenage des roues et des pignons, est modifié dans sa vitesse dans le rapport des rayons des roues avec les rayons des pignons. Pour apprécier cette modification, il suffit de diviser le produit des rayons des roues (1re 60 × 2e 60 × 3e 72 = 259200) par le produit des rayons des pignons (1er 30 × 2e 20 × 3e 48 = 28800). Le quotient 9 de cette division détermine le nombre de révolutions du volant pour une révolution de la roue hydraulique. — La grande roue nommée *volant* n'est adaptée à une machine que pour régulariser sa marche; elle n'influe pas autrement sur la transmission et sur la modification de vitesse du mouvement.

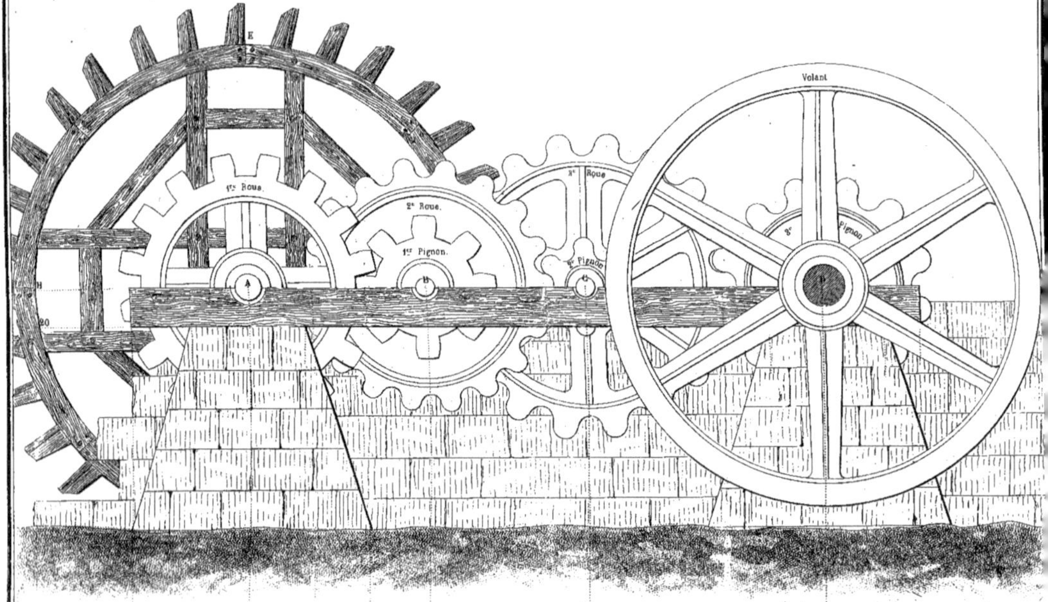

Construction: Tracez les circonférences
- du centre A, de 6, 8, 10, 16, 18, 42, 44, 60, 65, 108 et 120
- du centre B, de 4, 6, 12, 14, 24, 30, 35, 45, 47, 42 et 60
- du centre C, de 4, 6, 9, 11, 20, 48, 53, 55 et 72
- du centre D, de 10, 14, 20, 22, 32, 34, 48, 96 et 110

millimètres de rayon.

Nota. Les nombres soulignés désignent les rayons des circonférences primitives des roues d'engrenage et ceux des pignons.

ENGRENAGES – ROUE DROITE.

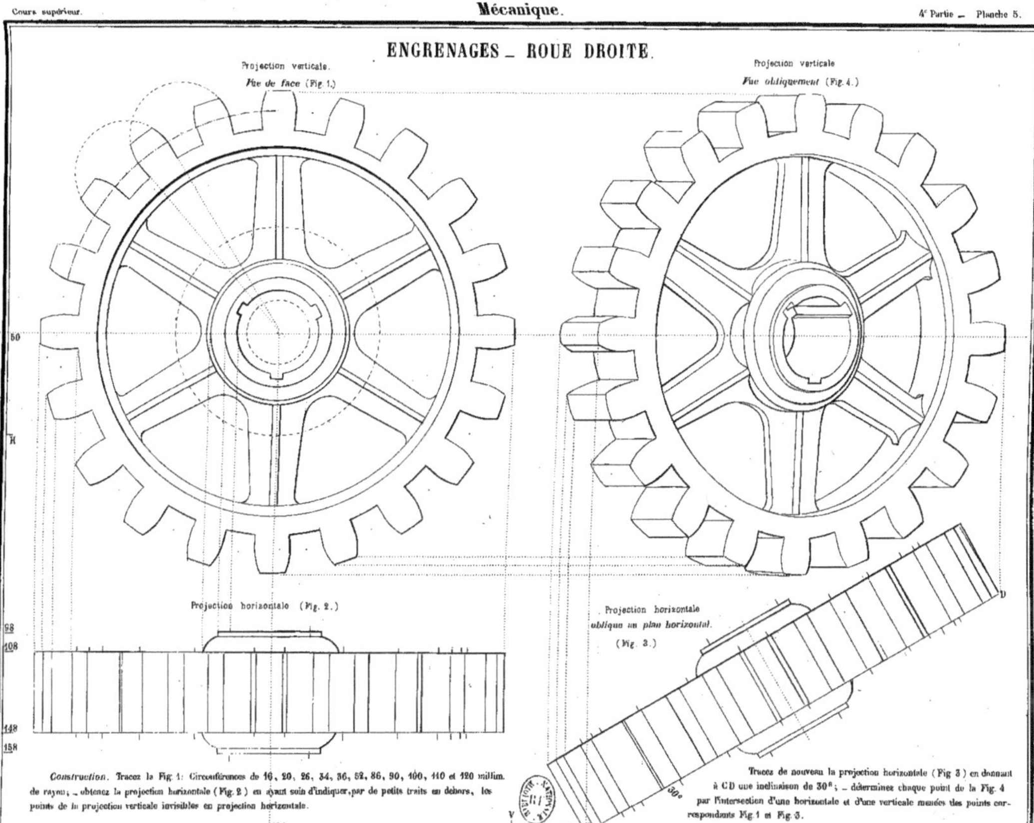

Construction. Tracez la Fig. 1: Circonférences de 16, 20, 26, 34, 36, 52, 86, 90, 100, 110 et 120 millim. de rayon; – obtenez la projection horizontale (Fig. 2) en ayant soin d'indiquer, par de petits traits en dehors, les points de la projection verticale invisibles en projection horizontale.

Tracez de nouveau la projection horizontale (Fig 3) en donnant à CD une inclinaison de 30°; – déterminez chaque point de la Fig. 4 par l'intersection d'une horizontale et d'une verticale menées des points correspondants Fig. 1 et Fig. 3.

Paris, J. Delalain, Editeur. Méthode A. LeBéalle.

ENGRENAGES (suite): ROUES D'ANGLE.

Les *Roues d'angle* servent à transformer la direction du mouvement primitif; elles sont prises dans des cônes tronqués ayant un sommet commun A qui se trouve ainsi situé dans l'axe de chacun des deux arbres.

L'angle que doit avoir chacun des cônes dépend: 1° de l'angle formé par l'intersection des axes des arbres; 2° du rapport des diamètres. — Ici par exemple, le mouvement vertical de la roue devant être transformé en mouvement horizontal pour le pignon, les axes sont à angle droit; et le pignon étant moitié plus petit que la roue, l'angle de son cône sera de 30° tiers de l'angle formé par les axes, et celui de la roue, de 60°.

Un *Palier* est un appareil destiné à supporter le *Tourillon* ou extrémité d'un arbre, il est composé: 1° de la partie inférieure B dont les pattes b, b sont solidement fixées à l'aide des écrous a, a; 2° de la partie supérieure C ou *Chapeau* qui peut au moyen des écrous c, c, être écartée ou rapprochée de la partie inférieure; 3° de deux *Collets* ou *Coquilles* d, d, ajustées dans l'intérieur du palier et qui sont ordinairement en cuivre pour rendre le frottement plus doux.

L'arbre D du pignon repose ici sur le chapeau du palier.

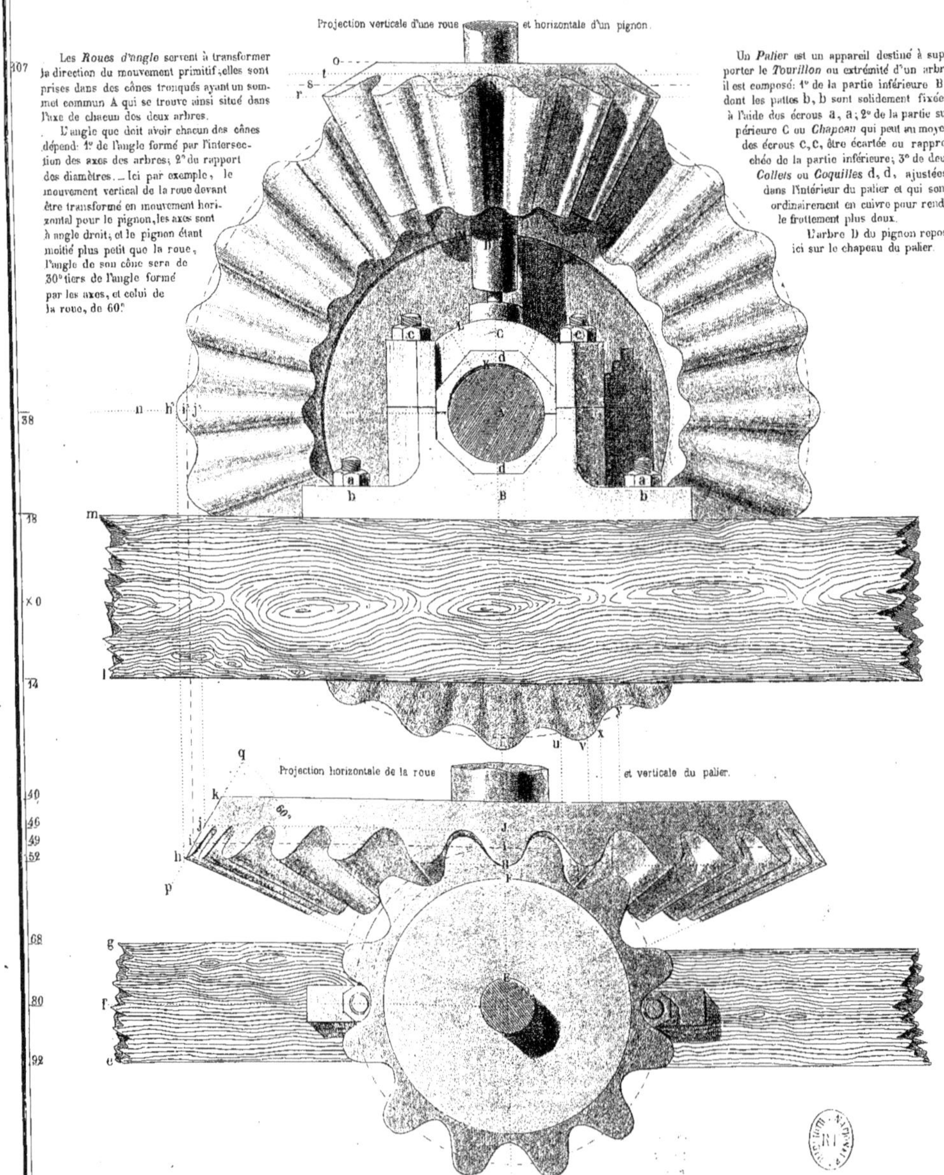

Construction: 1° menez les horizontales e, f, g, h, i, j, k, l, m, n, o; — 2° Tracez les circonférences: E d'un rayon de 6 millimètres F de 25m; H, I, J; K de 10m L de 18; M de 35, 3° Menez l'oblique p q, passant par le point i à 64 millimètres de la verticale de construction et formant un angle de 60° avec l'horizontale i; — 4° projetez les points h, i, j obtenus par cette oblique, sur l'horizontale n, et du point A décrivez des circonférences passant par les points projetés h', i', j'; — 5° menez les horizontales r, s, t tangentes à ces circonférences; — 6° Divisez la circonférence I en 24 parties (angles de 15°) et la circonférence N en 48 (angles de 7° ½; — 7° Tracez les dents de la roue et des ailes du pignon, sur leurs projections verticales en prenant pour centres des courbes les divisions indiquées sur les circonférences primitives I, N; — 8° obtenez les projections horizontales des dents, ainsi qu'il est indiqué par les lignes de projection u, v, x, y

ENGRENAGES (suite). ROUE A CHEVILLES ET LANTERNE.

Dans les grandes machines telles que les manèges et les moulins, ou la précision n'est pas rigoureuse, on substitue aux roues d'angle des roues à chevilles, et aux pignons des Lanternes

Les chevilles qui, dans la lanterne, vont d'un plateau à l'autre, prennent le nom de Fuseaux, et font l'office des ailes d'un pignon.

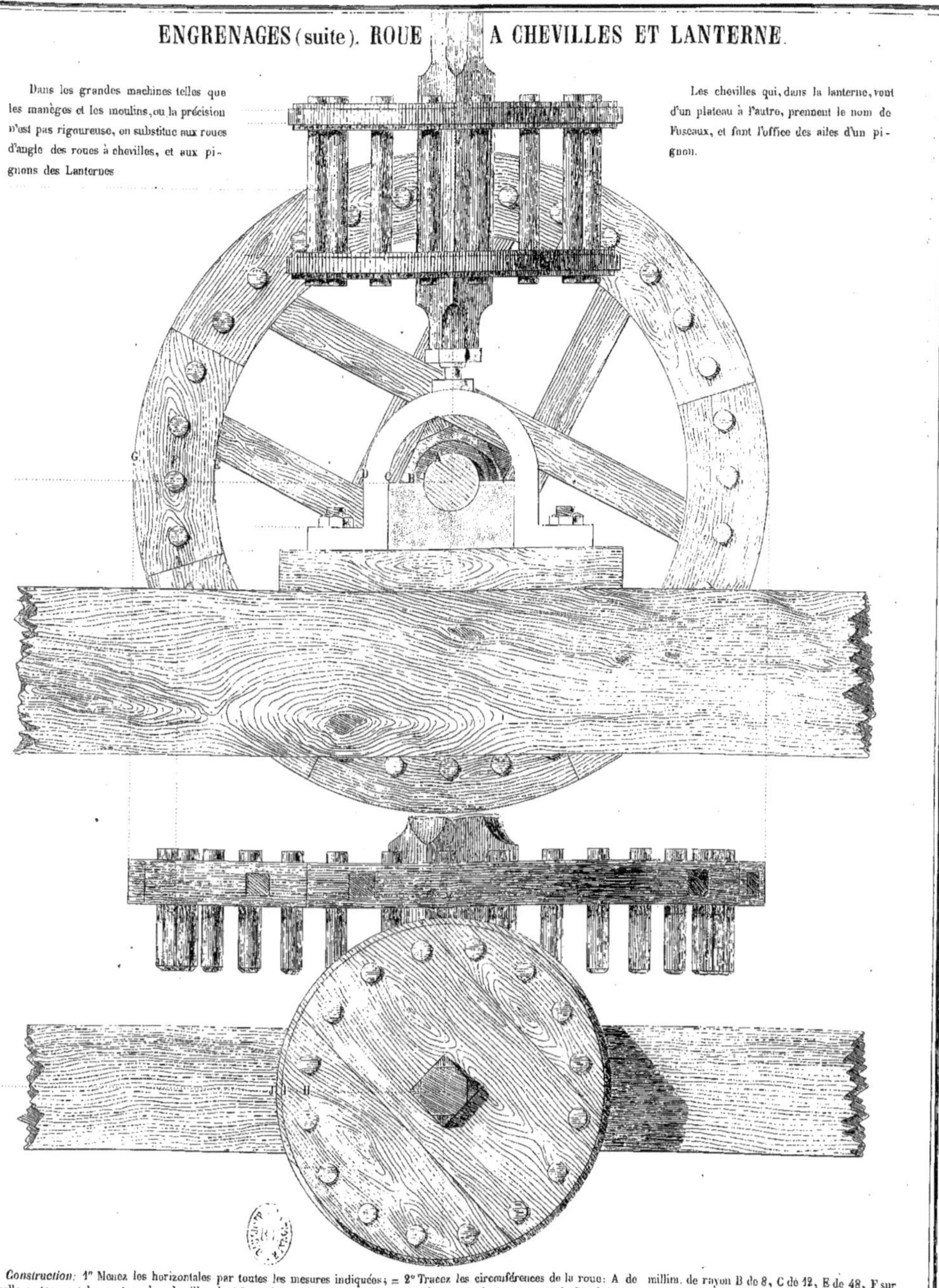

Construction: 1° Menez les horizontales par toutes les mesures indiquées; = 2° Tracez les circonférences de la roue: A de millim. de rayon B de 8, C de 12, E de 48, F sur laquelle se trouvent les centres des chevilles de 56; G de 64; = 3° Tracez les circonférences de la lanterne: H de 28; I de 32; J de 33; = 4° divisez la circonférence F en 32 parties et la circonférence H en 16; = 5° Tracez les petites circonférences représentant la projection horizontale des chevilles et des fuseaux, et obtenez leurs projections verticales.

GRUE.

Cette machine sert au chargement et au déchargement des bateaux; elle pivote en conséquence sur son axe A B.
Pour connaître sa puissance, il faut multiplier le rayon CE de la roue par G I rayon de la circonférence que décrit la manivelle, et diviser ce produit par C D rayon du cylindre du treuil multiplié par G H rayon du pignon. – L'emploi de deux poulies, comme dans le bras droit double cette puissance.

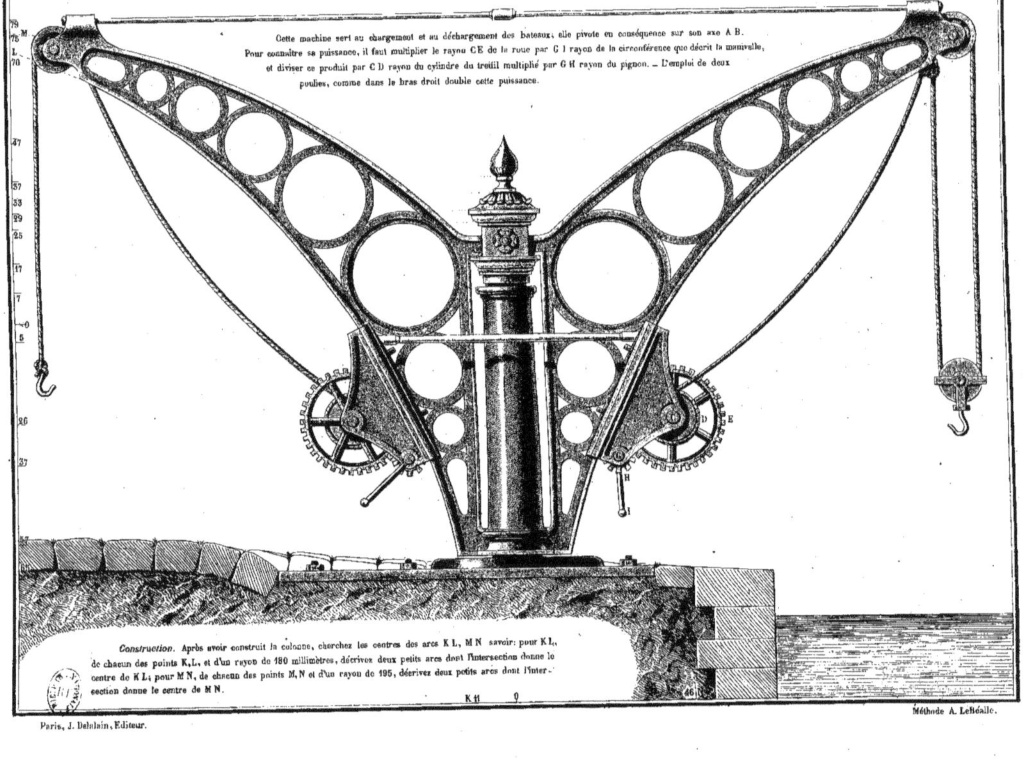

Construction. Après avoir construit la colonne, cherchez les centres des arcs K L, M N savoir: pour K L, de chacun des points K, L, et d'un rayon de 180 millimètres, décrivez deux petits arcs dont l'intersection donne le centre de K L; pour M N, de chacun des points M, N et d'un rayon de 195, décrivez deux petits arcs dont l'intersection donne le centre de M N.

Paris, J. Delalain, Editeur.

Méthode A. Lebéalle.

CHÈVRES.

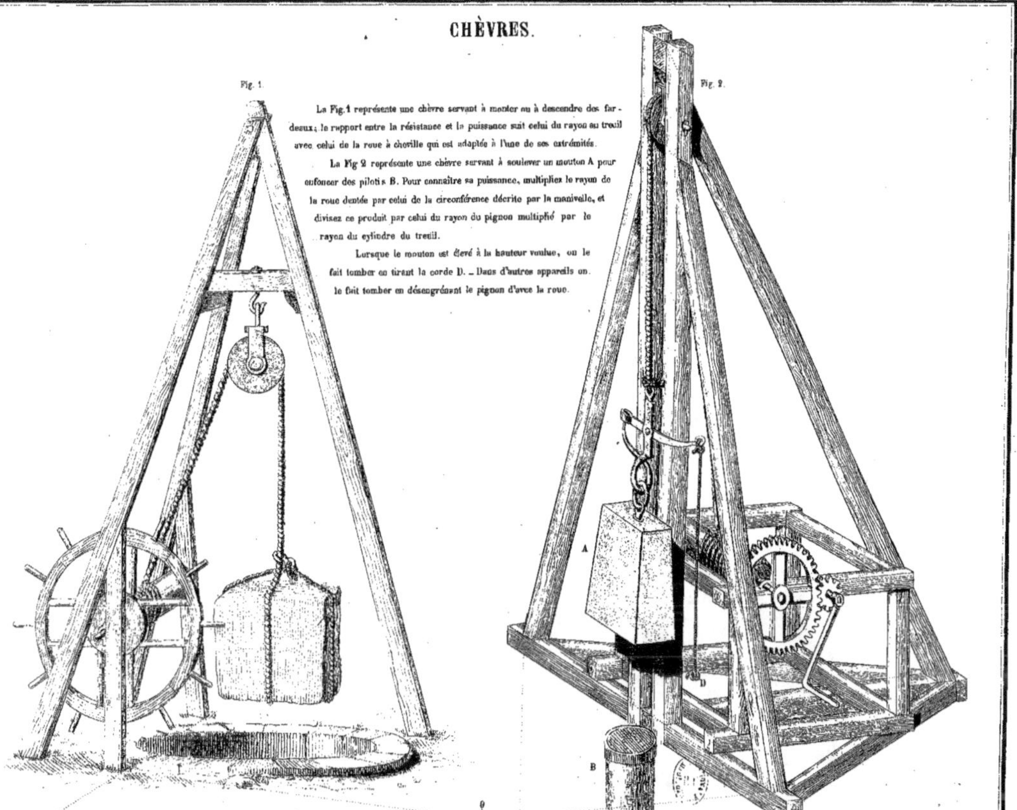

La Fig. 1 représente une chèvre servant à monter ou à descendre des fardeaux; le rapport entre la résistance et la puissance suit celui du rayon au treuil avec celui de la roue à cheville qui est adaptée à l'une de ses extrémités.

La Fig 2 représente une chèvre servant à soulever un mouton A pour enfoncer des pilotis B. Pour connaître sa puissance, multipliez le rayon de la roue dentée par celui de la circonférence décrite par la manivelle, et divisez ce produit par celui du rayon du pignon multiplié par le rayon du cylindre du treuil.

Lorsque le mouton est élevé à la hauteur voulue, on le fait tomber en tirant la corde D. _ Dans d'autres appareils on le fait tomber en désengrénant le pignon d'avec la roue.

Paris, J. Delalain, Editeur. Méthode A. LeBéalle.

VIS.

La *Vis* est composée d'un cylindre ou *Noyau* A, auquel adhèrent un ou plusieurs *Filets* qui décrivent chacun à sa surface deux hélices semblables. _ Le *Pas* d'une vis est le même que celui de chacune des hélices décrites par ses filets, c'est-à-dire la hauteur BC (Fig.1) ou DE (Fig.2) hauteur dont s'élève un filet à chaque révolution qu'il opère autour du noyau... Une vis est à autant de filets qu'il y en a de contenus dans la hauteur de son pas. _ Les filets sont *Triangulaires* ou *Carrés*, suivant qu'ils sont engendrés par la révolution d'un triangle BHI (Fig.1) ou d'un carré DLMN (Fig.2).

La *Puissance* d'une vis égale la *Résistance* autant de fois que la circonférence qu'elle décrit contient de fois la distance qui sépare les bases inférieures de deux filets contigus, soit HI (Fig.1) ou LP (Fig.2).

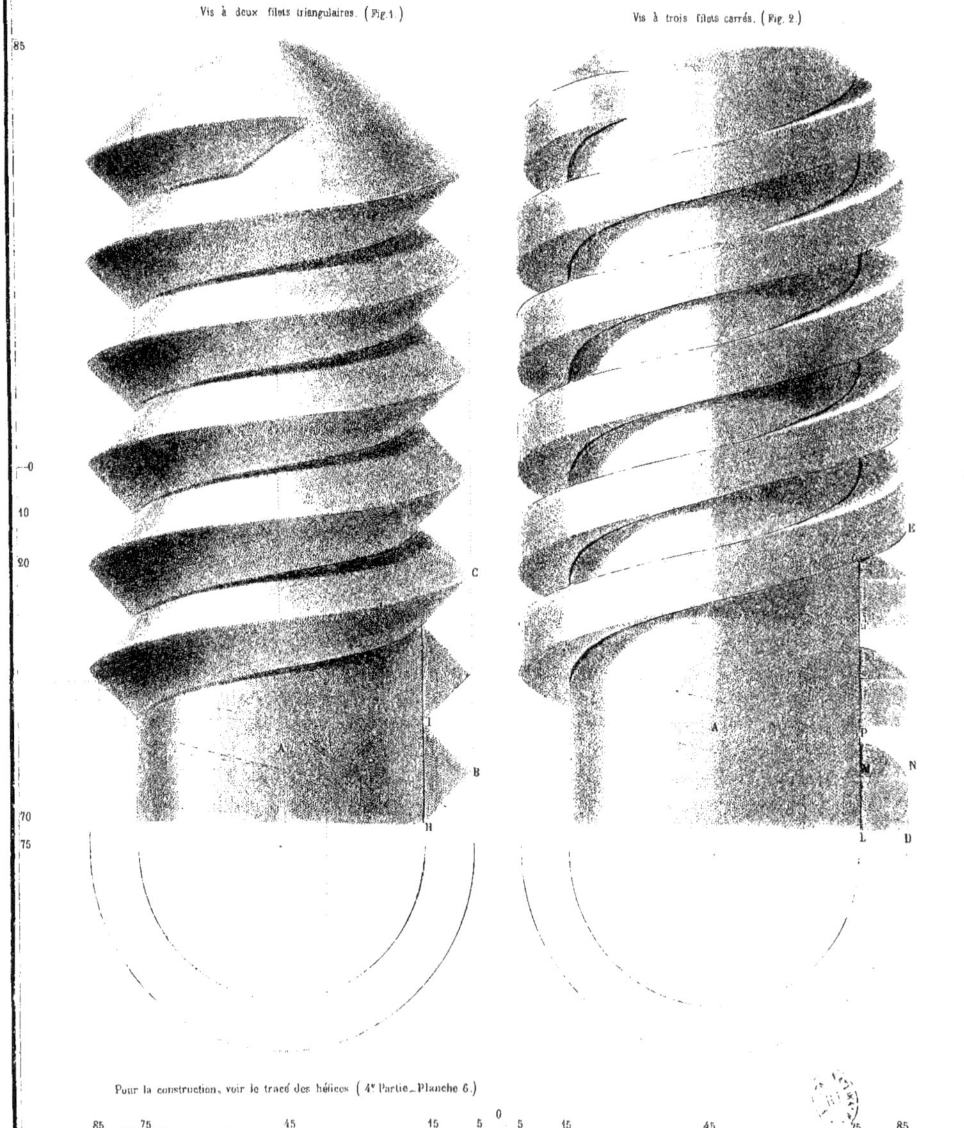

Pour la construction, voir le tracé des hélices (4e Partie_Planche 6.)

VIS D'ARCHIMÈDE.

La *Vis d'Archimède* est une machine qui sert à l'épuisement des eaux stagnantes, dans les travaux hydrauliques, ou à l'irrigation des prairies. Elle est composée : d'un axe ou arbre, auquel adhèrent une ou plusieurs hélices en tôle (dans la figure donnée, il y a 4 hélices), et d'un cylindre en planches très-étroites exactement tangent au périmètre des hélices extérieures décrites par cette surface.

La roue d'engrenage B et le pignon A sont disposés dans cette figure de manière à accélérer le mouvement ; il faudrait changer leurs dimensions respectives si au lieu d'augmenter la vitesse on voulait accroître la puissance.

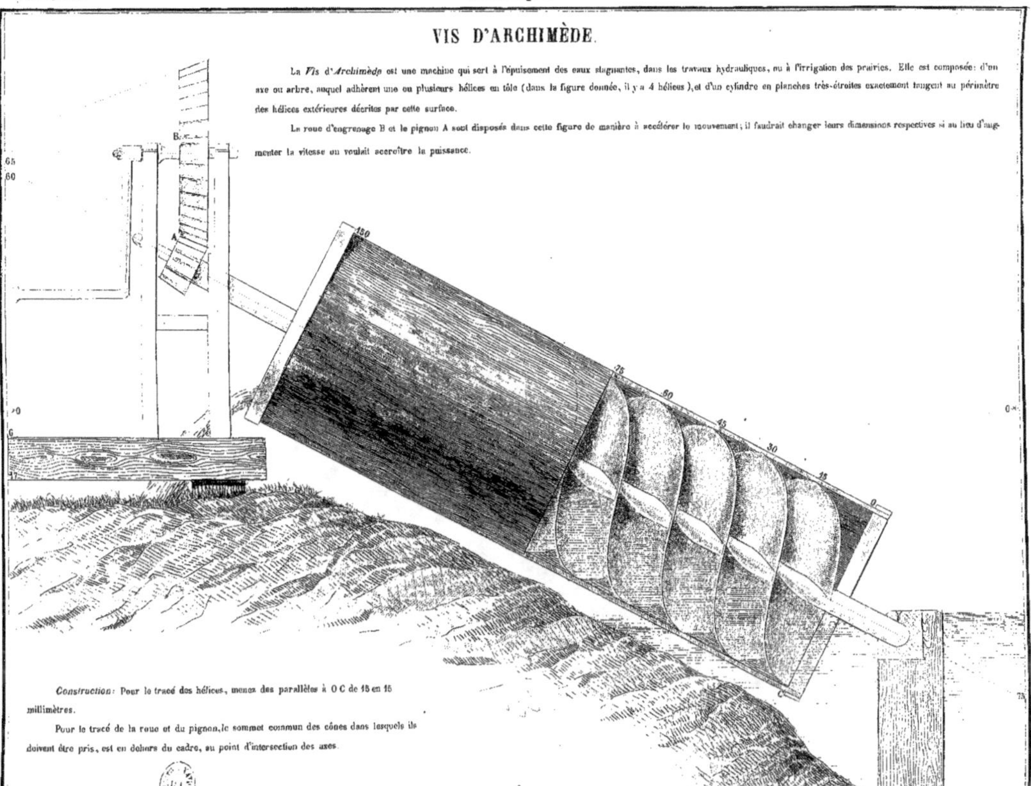

Construction : Pour le tracé des hélices, menez des parallèles à O C de 15 en 15 millimètres.

Pour le tracé de la roue et du pignon, le sommet commun des cônes dans lesquels ils doivent être pris, est en dehors du cadre, au point d'intersection des axes.

Paris, J. Delalain, Éditeur. Méthode A. Lebéalle.

TREUIL.

Le *Treuil* est composé: 1° d'un cylindre sur lequel s'enroule une corde à l'extrémité de laquelle est suspendu le fardeau à soulever; 2° d'une manivelle ou d'une roue servant à mettre le cylindre en mouvement. Le *Point d'appui* doit être considéré comme étant situé en un point quelconque de l'axe A B du cylindre; la *Résistance* est à sa circonférence; elle est donc éloignée du point d'appui d'une distance égale au rayon du cylindre plus celui de la corde. – La puissance est placée à la circonférence sur laquelle sont situées les chevilles de la roue, ou à celle que décrit la manivelle. Elle est donc éloignée du point d'appui d'une distance égale à B D ou à A C.

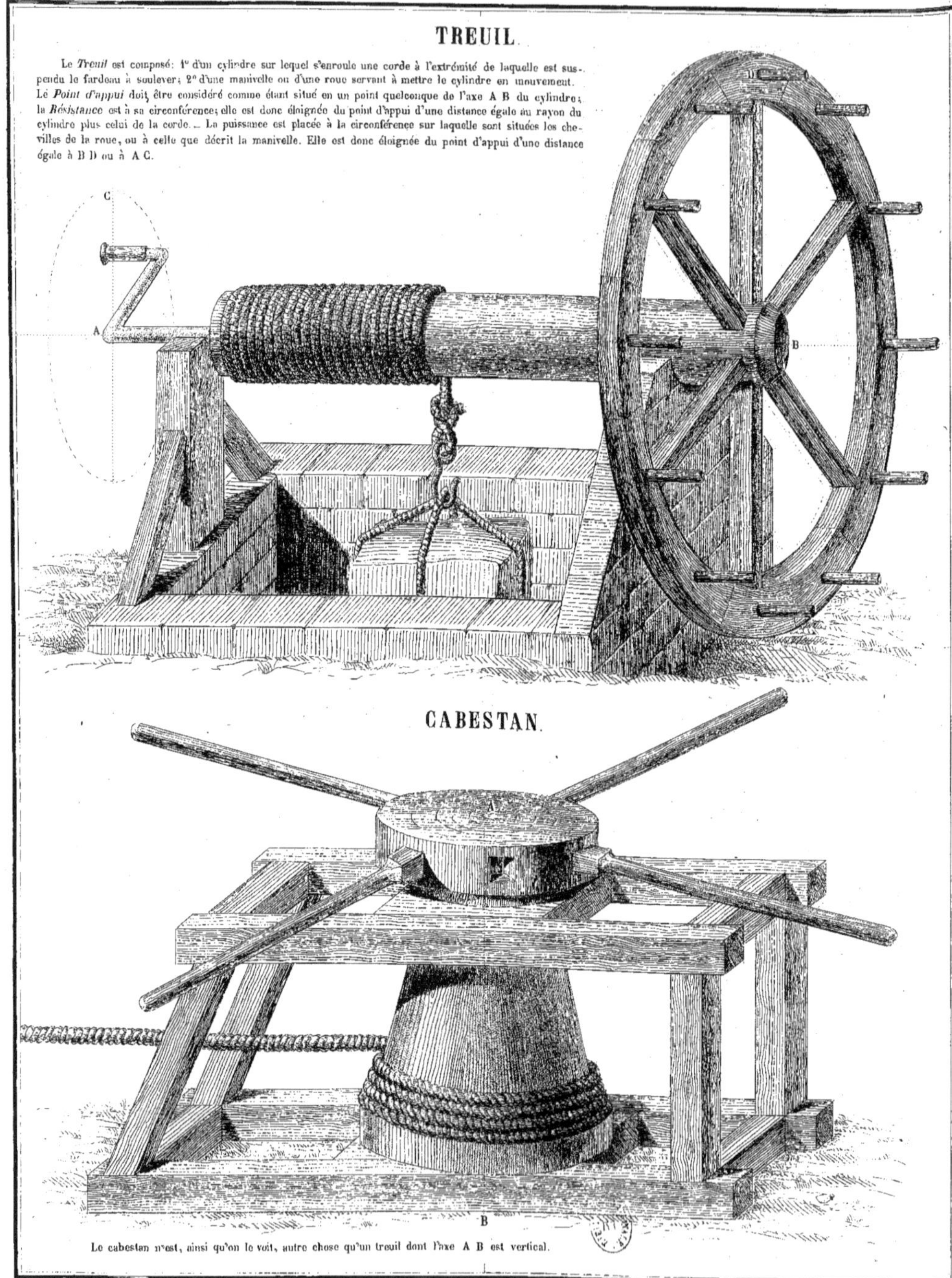

CABESTAN.

Le cabestan n'est, ainsi qu'on le voit, autre chose qu'un treuil dont l'axe A B est vertical.

PRESSE À PERCUSSION.

Vue en perspective.

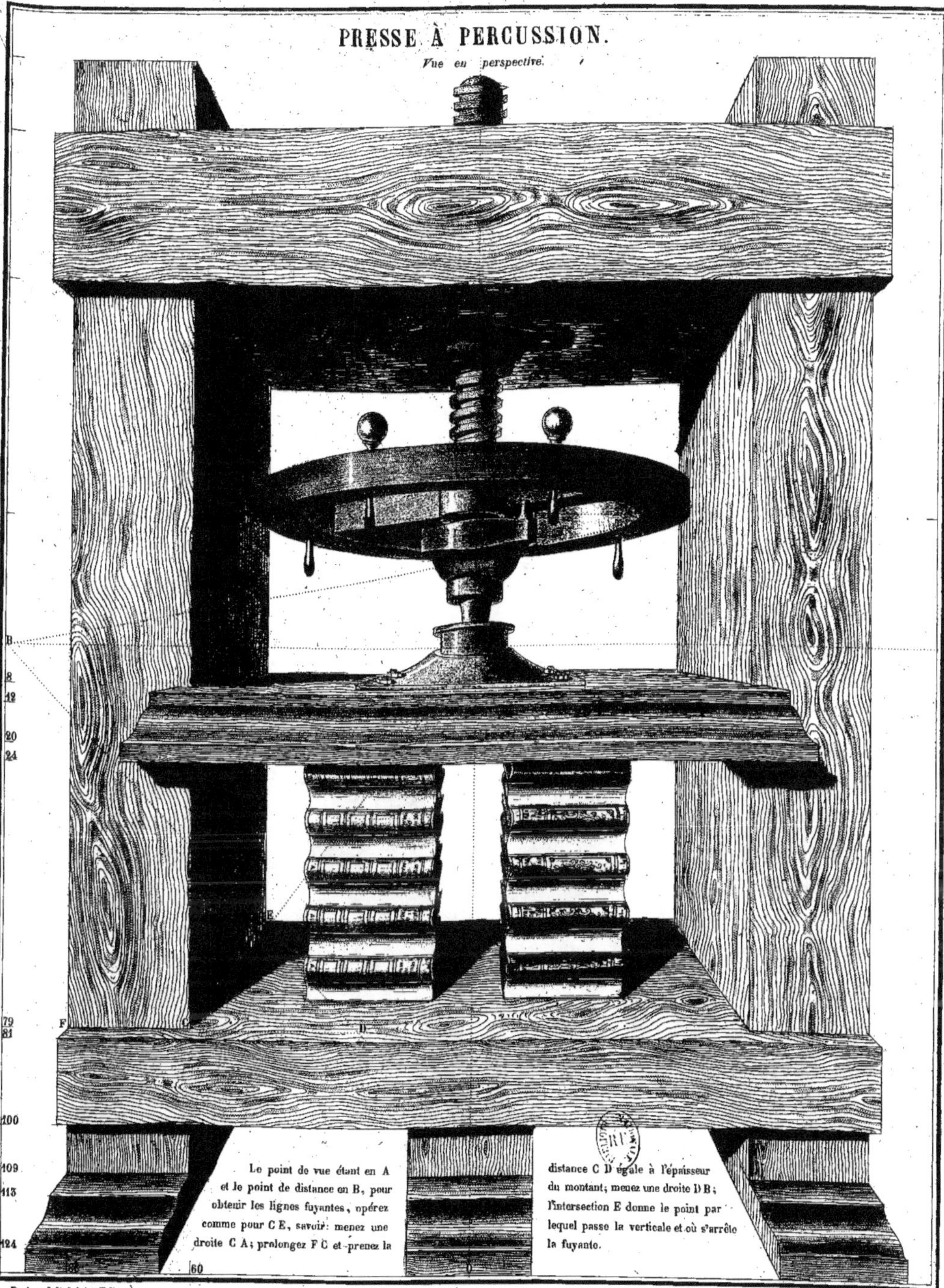

Le point de vue étant en A et le point de distance en B, pour obtenir les lignes fuyantes, opérez comme pour C E, savoir: menez une droite C A; prolongez F C et prenez la distance C D égale à l'épaisseur du montant; menez une droite D B; l'intersection E donne le point par lequel passe la verticale et où s'arrête la fuyante.

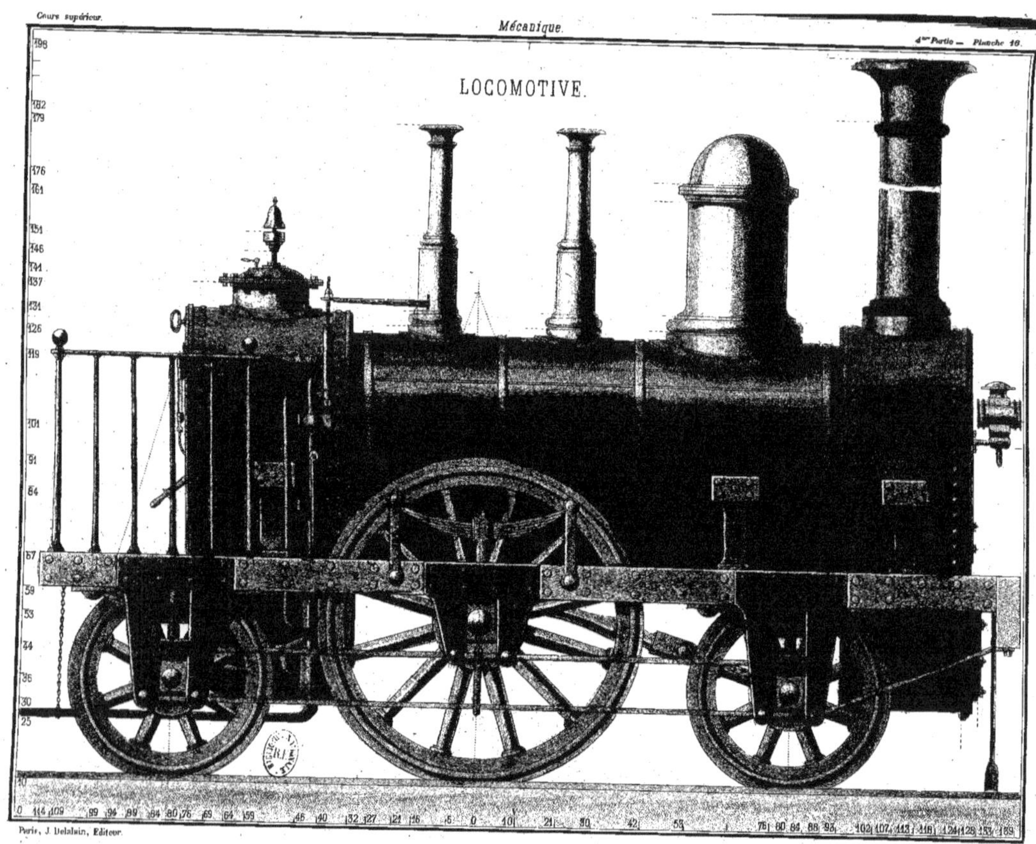

Paris, J. Delalain, Editeur.

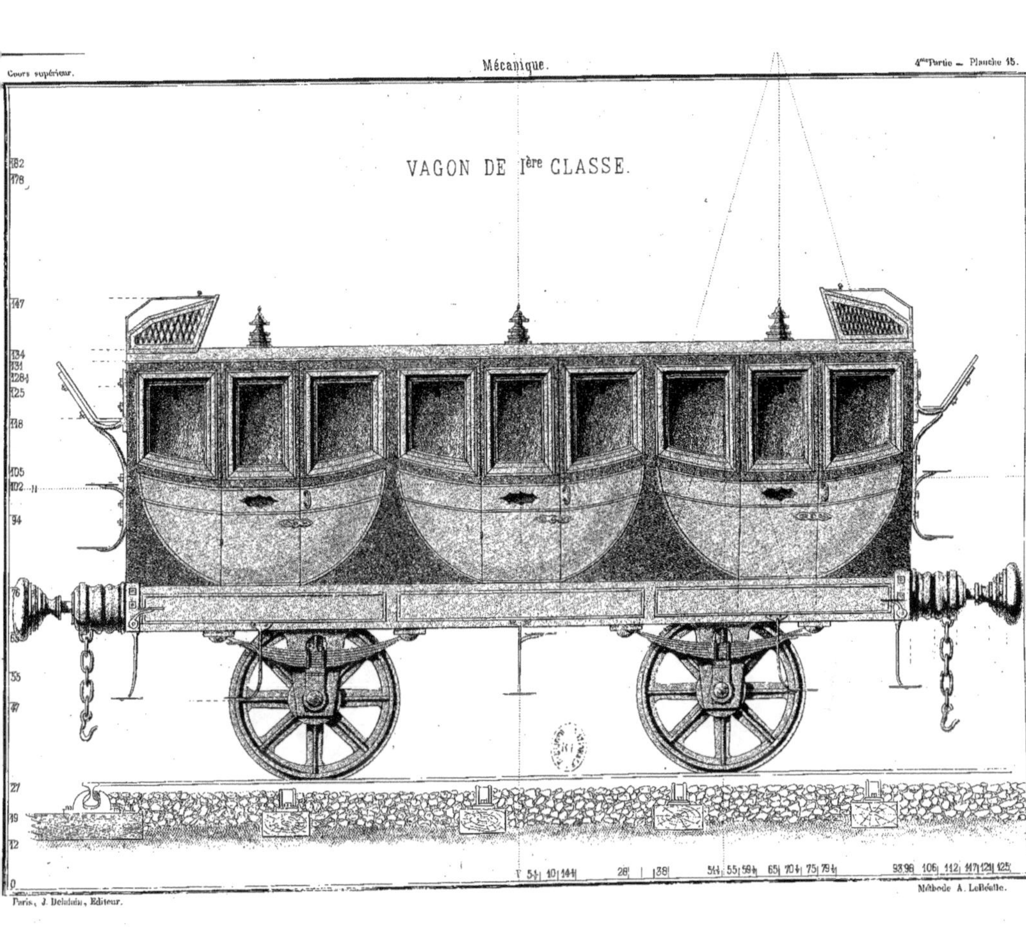
VAGON DE Ière CLASSE.

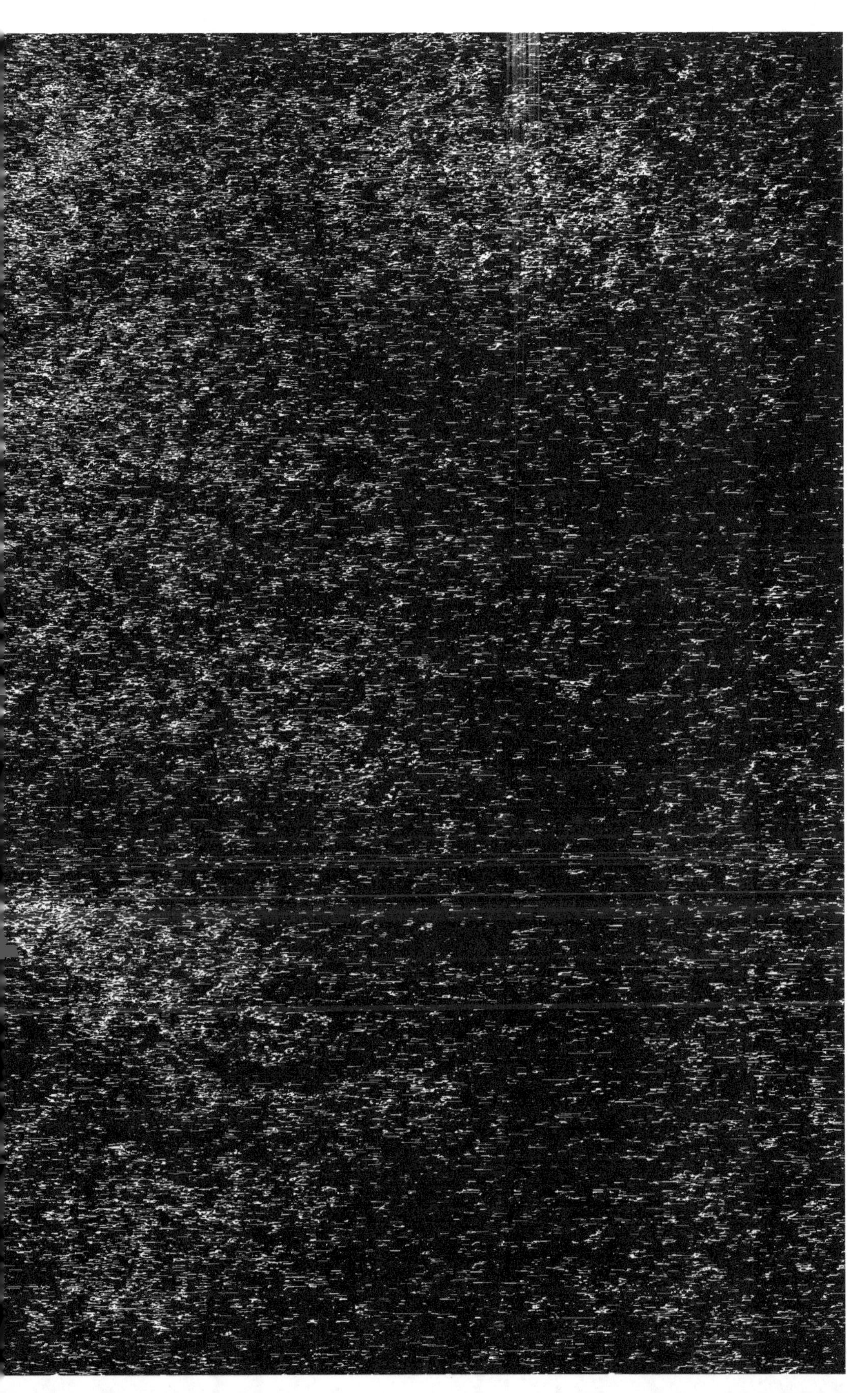

MINISTÈRE DE L'INSTRUCTION PUBLIQUE.

EXTRAIT DU REGISTRE DES DÉLIBÉRATIONS DU CONSEIL DE L'UNIVERSITÉ.

Procès-verbal de la séance du 29 décembre 1848.

Le conseil de l'Université,

Ouï le rapport sur un ouvrage intitulé : *Cours théorique et pratique de Dessin linéaire*, par M. Le Béalle (deuxième édition),

Est d'avis qu'il y a lieu d'accorder l'autorisation demandée pour les écoles primaires supérieures, les écoles normales primaires et les salles d'adultes.

Le chancelier de l'Université,
THÉNARD.

Le conseiller secrétaire général du conseil,
GUIGNIAUT.

Approuvé :

Le ministre de l'instruction publique et des cultes,
FALLOUX.

DIVISION DE L'OUVRAGE.

Cours élémentaire.

1re PARTIE. **Etude des lignes droites, Menuiserie.** Mosaïques rectilignes ou marqueterie ; — Parquets, portes, fenêtres, vitraux, persiennes, jalousies ; — Grilles, treillages, grecques ; — Filets grecs ; — Devanture de magasin ; — Intérieur de salle à manger ; — Constructions, etc.

2e PARTIE. **Etude des lignes courbes, Serrurerie.** Grilles, balcons ; — Mosaïques curvilignes ; — Portail en ogive ; — Fenêtre gothique ; — Ponts en fonte ; — Constructions, etc.

3e PARTIE. **Etude des surfaces, Charpente.** — Maison de plaisance ; élévation, coupe de face et de profil, plan ; — Arc de triomphe de l'Etoile ; — Porte Saint-Denis ; — Plans, coupe et élévation d'une mairie et d'écoles communales ; Détails de pans de bois et de toiture ; — Perspective cavalière d'un pavillon en avant-corps ; — Ponts en charpente, etc.

4e PARTIE. **Etude des solides, Projections, Coupe des pierres.** — Solides ; — Appareils de murs, de voûtes, de niche, de pont biais ; — Escaliers ; — Pont en pierre ; — Tunnel ; — Maison en pan coupé ; — Halle au blé de Paris, etc.

La spécialité attribuée à chaque partie n'est nullement exclusive.

Cours supérieur.

1re PARTIE. **Topographie, Métré, Cubage, Nivellements.** — Signes et teintes conventionnels ; — Plans relevés à la chaîne seule, à l'équerre d'arpenteur, au graphomètre, à la planchette, à la boussole ; — Opérations de nivellement, mesure des hauteurs, cubage de déblais et de remblais, etc.

2e PARTIE. **Architecture, Perspective.** — Tracés des cinq ordres d'architecture ; — Fronton, colonnade, portique ; — Edifices en perspective, etc.

3e PARTIE. **Ornement, Figure.** — Feuilles de lierre, d'olivier, de chêne, d'eau, d'acanthe, etc. ; — Enroulements, rinceaux, entrelas, postes, palmettes, culots ; — Moulures, rosaces ; — Porte cochère avec ornements et candélabres ; — Attributs de l'agriculture, du commerce, des arts libéraux, etc. ; — Trophées d'armes ; — Tracés de la figure humaine, mascarons, etc.

4e PARTIE. **Mécanique, Machines.** — Instruments de pesage ; — Poulie, moufles ; — Engrenages, roues d'angles, lanternes ; — Chèvres, grue ; — Vis à filet carré et à filet triangulaire ; vis d'Archimède ; — Treuil, cabestan ; — Presse à percussion ; — Wagon ; — Locomotive, etc.

Chaque Partie se vend séparément.

www.ingramcontent.com/pod-product-compliance
Lightning Source LLC
LaVergne TN
LVHW020626110826
845149LV00004B/1052

* 9 7 8 2 0 1 1 8 9 3 3 8 3 *